公共管理评论

第一辑

彭向刚　宋衍涛　主编

GONGGONG GUANLI PINGLUN

知识产权出版社
全国百佳图书出版单位

图书在版编目（CIP）数据

公共管理评论（第一辑）/彭向刚，宋衍涛主编. —北京：知识产权出版社，2016.8
ISBN 978-7-5130-4397-7

Ⅰ.①公… Ⅱ.①彭… ②宋… Ⅲ.①公共管理—研究 Ⅳ.①D035-0

中国版本图书馆 CIP 数据核字（2016）第 198446 号

责任编辑：贺小霞　　　　　　　　责任校对：董志英
封面设计：臧　磊　　　　　　　　责任出版：刘译文

公共管理评论（第一辑）

彭向刚　宋衍涛　主编

出版发行：	知识产权出版社有限责任公司	网　　址：	http://www.ipph.cn
社　　址：	北京市海淀区西外太平庄 55 号	邮　　编：	100081
责编电话：	010-82000860 转 8129	责编邮箱：	2006HeXiaoXia@sina.com
发行电话：	010-82000860 转 8101/8102	发行传真：	010-82000893/82005070/82000270
印　　刷：	北京科信印刷有限公司	经　　销：	各大网上书店、新华书店及相关专业书店
开　　本：	787mm×1092mm　1/16	印　　张：	11
版　　次：	2016 年 8 月第 1 版	印　　次：	2016 年 8 月第 1 次印刷
字　　数：	210 千字	定　　价：	48.00 元

ISBN 978-7-5130-4397-7

出版权专有　侵权必究
如有印装质量问题，本社负责调换。

公共管理学院简介

对外经济贸易大学公共管理学院成立于1974年，前身为海关管理系，是当时中国海关管理教育领域唯一一所拥有本科学士学位授予权的大学。经过四十多年的发展，学院已经形成了完整的学科发展序列和本硕博培养体系，致力于培养高级公共管理专门人才。本科层面拥有4个学士学位授予点；硕士层面拥有公共管理一级学科硕士学位授予权和公共管理硕士（MPA）专业学位授予权；博士层面在财政学二级学科下招收公共政策方向博士研究生。

学院以经济学、管理学、法学和社会学等学科为基础，大力发展交叉性学科。目前设有四个学系：海关管理系、行政管理系、公共经济系和公共事业管理系。设有关务研究中心、行业协会研究中心、文化与休闲产业研究中心等多家研究机构。

学院现有教师44人，其中博士生导师3人、教授12人、副教授18人，另聘兼职教授和外国专家10多名。原外交部副部长、原中国驻美国特命全权大使、现任博鳌论坛秘书长周文重先生担任学院名誉院长。近五年来，学院教师主持或承担了国家级和省部级科研项目100多项，发表高水平学术论文600多篇，完成研究报告10多份，出版各类专著、教材、工具书等60余部。

学院与商务部、海关总署、国家质量监督检验检疫总局、文化部等政府部门保持直接和紧密性学术联系，是国际海关大学同盟（International Network of Customs Universities）的正式成员，并多次参加了世界海关组织（WCO）举行的PICARD海关学术交流年会；与联合国国际劳工组织保持广泛联系和合作。学院与中国海关信息中心建立了战略合作关系，成立了服务中国海关事业发展的外海（外经贸—海关）智库中心。与中国行政管理学会、中国海关学会、中国口岸协会等非政府组织保持着密切的学术合作关系。

学院与奥地利约安诺姆应用科技大学签订了派送学生学习交流协议；与美国佐治亚州立大学签署了联合培养MPA硕士研究生协议；与美利坚大学、科隆商学院、纽约城市大学、澳大利亚堪培拉大学、莫纳什大学、奥地利约安诺姆应用科技大学、瑞士高级公共管理学院等海外高校确立了合作办学意向。

序 言

党的十八届三中全会关于推进国家治理体系与治理能力现代化的目标，对公共治理改革与创新提出了重要的机遇和挑战。自 20 世纪 80 年代西方新公共管理运动以来，有关公共治理的改革思潮席卷全球，多中心治理、网络化治理、企业家精神的政府、新公共服务、绩效评估、公私合作等都是该运动和思潮引领的产物。我国虽然开展公共治理改革较晚，但自 20 世纪 90 年代社会主义市场经济体制确立以来，就已然积极主动实施公共部门的改革与创新，并取得了不少成绩，尤其是党的十八大以后，这种改革的力度空前扩大。

公共治理范畴十分广泛，在我国不仅包括政府部门，还包括国有企业、事业单位、非政府组织等。换言之，只要具有公共性或准公共性，都属于公共治理的范畴。因此，公共治理改革与创新是一个非常重要的议题。为了深入探讨公共治理的理论与实践，凝聚该领域的学术共同体，2015 年 11 月 27 日，对外经济贸易大学公共管理学院举办了有关公共治理改革与创新的主题研讨会，会议收到相关论文近百篇，大会讨论气氛十分热烈，产生了不少新思想。会后，参会代表强烈要求选取一些优秀的论文结集出版。本书即适应此需求而产生。本书依据公共治理的范畴，从政府、企业、社会三位一体的角度，凝练主题，突出新意，即设计治理变革与绩效考评、政企关系改革、社会治理与创新三个专题，做到尽可能覆盖公共治理各领域的学术群体，尤其是突出对外经济贸易大学公共管理研究的学科特色。具体而言，在治理变革与绩效考评专题中，主要讨论治理理论视角下我国公共领域面临的机遇与挑战，集中探讨了公共安全体系与能力现代化、公共服务供给、公共文化服务、生态文明绩效考评等前沿问题。在政企关系改革专题中，主要讨论了新型政企关系下我国政府和企业各自面临的机遇和挑战，集中探讨了 PPP 模式在我国公共领域引发的改革浪潮，包括如何利用企业管理模式重塑政府治理与创新、如何增强政府与社会资本的合作以及人力资源管理和税收制度改革等问题。在社会治理与创新专题中，主要讨论了非营利组织的内部治理、"城中村"治理、突发事件应急管理、网络舆情规制、流动人口管理服务以及城乡养老一体化等问题。

　　承蒙与会专家学者的厚爱与支持,本书将他们的最新研究成果收录,以飨读者。我们怀着深深的谢忱和空杯的心态,恳请公共管理学界同行和广大读者批评指正。

彭向刚
2016 年 4 月 20 日

目 录

专题一 治理变革与绩效考评

边疆民族地区公共安全治理体系与能力现代化研究 ………… 李俊清（3）
公共领导的生态文明绩效考评模型建构 ……………… 程波辉（13）
公共服务提供体制改革与治道变革
　　——基于制度分析的研究 ……………………………… 齐　洁（24）
城市社区公共文化服务供给机制创新：多中心治理的视域…… 高一博　马孝勇（31）

专题二 政企关系改革

以企业管理模式为借鉴进行政府管理模式的改革 ……………… 宋衍涛（43）
经济发展新常态下应对中等收入陷阱的税收制度及效应研究
　　——中日韩三国政策模式比较分析 ………………… 崔景华（55）
公共利益视角下的政府与社会资本合作 ………………… 欧纯智（70）
关于组织诚信文化建设现状及其完善机制的思考 ………… 廉　茵（82）
新时期公共部门和工商部门在人力资源管理上的比较 ………… 张　国（86）
PPP模式在我国公共文化设施领域适用性的案例研究 ………… 邵坚宁（94）

专题三 社会治理与创新

中国非营利组织内部治理问题研究
　　——以阿拉善SEE生态协会为例 ………… 辛传海　安　锦　薛　超（107）

"Urban Village" Reconstruction and Migrant Worker Housing: Dilemma &
　　Strategy of Shenzhen Reform ………………………… Huang Wenhao（117）
突发事件致创伤后应激障碍的研究现状分析 ………………… 王　晴（132）
服务型政府视角下完善流动人口管理服务体制的对策思考 ………… 葛　芳（138）
城乡养老一体化与政府财政回应性研究 ………………… 王圆圆　王华春（147）
新媒体时代《孙子兵法》对我国高校网络舆情管理的
　　实践意义探究 ………………………………………………… 范青青（156）
后　记 ……………………………………………………………………（165）

专题一　治理变革与绩效考评

边疆民族地区公共安全治理体系与能力现代化研究

李俊清[**]

(中央民族大学 管理学院，北京 100081)

摘 要：中国边疆民族地区公共安全事件有其特殊性，即使是与内地相同的突发事件，由于与特殊的地理区位、自然条件、经济社会环境、民族宗教等因素叠加而更加复杂。此外，近年来民族分裂和宗教极端势力在一些边疆民族地区活动猖獗，且呈现出不断蔓延扩张之势，严重威胁社会稳定与国家安全。因此，应根据边疆民族地区特殊情况，建构科学有效的应急体系，推进公共安全治理体系和治理能力的现代化，确保边疆民族地区的长治久安。

关键词：边疆民族地区；公共安全；治理体系

中国有2.2万公里的陆地边界线，与14个国家接壤，其中1.9万多公里在民族地区。边疆地区涉及黑龙江、吉林、辽宁、内蒙古、甘肃、新疆、西藏、云南、广西9个省、自治区的136个陆地边境县（旗、市、市辖区）和新疆生产建设兵团的58个边境团场，其中自治县或民族自治地方所属县107个。边疆民族地区总人口2 200多万，少数民族人口占了近一半，有30多个民族与国外同一民族相邻而居。边疆民族地区独特的自然环境、宗教信仰、社会习俗，使其公共安全问题形成和发展既具有内地的一般特征，又受其独特环境的影响而具有一定的特殊性。近年来，随着经济快速发展、人口流动加快、区域开发力度加大，边疆民族地区各种自然灾害、事故灾难和群体性事件发生频率有所上升，而且在国内外多重因素的作用影响下，分裂势力、宗教极端势力的活动也十分猖獗，对边疆民族地区人民的生产生活、

---

[*] 基金项目：国家社科基金决策咨询点项目（批准号：13JCD017），教育部人文社会科学重点研究基地重大项目（批准号：13JJD630015）。

[**] 作者简介：李俊清，中央民族大学管理学院院长、教授，广西民族大学"八桂学者"。

社会稳定造成了一定的影响，甚至对民族团结、边疆安全和国家统一大局都构成了威胁。因此，如何根据边疆民族地区的特殊情况，分析其公共安全问题形成发展的规律以及公共安全治理体系存在的问题，推动边疆民族地区公共安全治理体系现代化，具有非常重要而又紧迫的现实意义。

一、边疆民族地区公共危机类型分析

边疆民族地区公共安全事件主要有两大类：一是与内地相同的一般突发公共事件，如自然灾害、事故灾难、公共卫生事件和社会安全事件；二是与民族分裂、宗教极端、暴力恐怖势力联系在一起的各类公共危机事件。近年来，由于受多方面因素的影响，边疆民族地区两大类公共安全事件，有时在特定的情况下，会出现相互叠加、催化转换等复杂情况。且原来主要发生在一些边疆地区的暴恐活动，也出现了向内地蔓延、与境外勾联的趋势，使边疆民族地区公共安全治理面临着新的挑战。

（一）一般突发公共安全事件

内地常出现的一般突发事件，在我国边疆民族地区也多有发生，部分类型的突发事件，更是集中多发于边疆民族地区，且表现出与内地不同的特点。

自然灾害方面：中国边疆民族地区主要分布在雪山冰川、荒漠戈壁、群山峻岭地带，是地震、泥石流、滑坡等灾害的多发区。新疆、西藏、云南等都处在强震带上，地震灾害频发；云南、广西、西藏、新疆的部分地区处于泥石流灾害的易发地带；广西、西藏南部和云南等地降雨充沛且集中于特定时段，因而洪涝灾害也经常发生；而新疆和内蒙古部分地区干旱、沙漠化、土地退化等问题较为严重，导致沙尘灾害多发；边疆民族地区还是雪灾、大雾、风暴、冰冻等极端天气的受害地区。自然灾害频发给边疆民族地区造成了严重损失，以 2012 年内蒙古雪灾为例，受灾面积 56.38 万平方公里，使 44 万多人受灾；造成 1 133 间房屋倒塌，700 间房屋严重损坏，1 258 间房屋一般损坏；死亡大小牲畜 17 979 头，造成直接经济损失 5.2 亿元。

事故灾难方面：近年来随着边疆地区开发力度的加大，各类事故灾难也出现增加趋势。其中尤其以草原或森林火灾、因道路险峻而发生的交通事故、资源开采工矿企业等安全生产事故居多。例如，2013 年 1—11 月，新疆全区共发生各类生产安全事故 1 411 起，死亡 770 人，受伤 1 405 人，造成直接经济损失 6 058.28 万元。[3] 2013 年，云南全省共发生各类伤亡事故 12 848 起、死亡 2 260 人，全年共发生 63 起较大事故,道路交通事故43起、工矿商贸事故14起、煤矿事故5起、火灾事故1起。[4]而内蒙古自治区仅2014年1月,就发生各类安全事故近800起,死亡人数90多人,其中一次死亡3~9人较大事故4起。

公共卫生事件方面:边疆民族地区部分传染病高发,给各族民众身体健康造成了较为严重的威胁。据统计,2013年全年,广西共报告法定传染病发病34 688例,死亡443人;而新疆从2004—2010年,共报告法定传染病34种105万例,共死亡2 393人。而因饮食质量和管理不当引起的集体食物中毒、饮用水安全等问题,也常有发生,广西河池在2008年曾出现136名村民因水污染而导致砷中毒症状,2012年,也是在河池及周边地区,因部分企业违规排放,致使流经河池、柳州等地的龙江受严重镉污染,数百万群众饮水供应出现危机;2013年6月,广西贵港一中学发生集体食物中毒,导致93名学生和教职工中毒住院;2014年3月,云南文山州一幼儿园发生集体食物中毒,导致32名孩子出现了中毒症状,其中2名儿童因抢救无效死亡。

群体性事件方面:边疆民族地区在经济发展、资源开发和对外开放过程中,因为传统生产生活方式发生急剧变化、利益格局重新调整而引发的群体性事件也出现了上升态势。根据社科院相关研究显示,2000—2013年,我国共发生百人以上群体性事件871起,广西和云南百人以上群体性事件发生数量居全国前列,分别为29起和32起。与内地群体性事件多与征地拆迁、劳资纠纷、市场管理等诱因联系在一起不同,在边疆民族地区群体性事件中,环境因素、政府公共管理因素、族群因素、宗教因素影响更加突出。

随着边疆民族地区对外开放进程的加快,目前与边疆、跨境、国际因素等联系在一起的一些特殊公共问题也呈现快速增长势头。特别是跨境贩毒、军火交易、人口买卖、涉黄赌毒经营活动、走私活动、"三非"人口流动、宗教文化渗透等,近几年发案数量越来越多。有些跨境犯罪活动甚至使边疆部分村寨整体卷入,在增加刑事打击困难的同时,也对边疆民族团结和边疆安全造成一定影响。例如2004年,在云南的一次打击贩毒专项行动中,临沧市某村90多人被抓,全村几乎每个家庭都有人卷入。在一些边境地方,还存在所谓的"走私村",全村居民几乎家家户户都参与走私,在增加打击边境走私工作困难的同时,也引发了一些惨痛的事件。例如21世纪初,在广西边境部分地区,不少村民参与走私,为避开政府缉私巡逻而专走未完成扫雷工作的边界山路,每年因此死亡的人数达200多人。

(二) 与分裂活动相关联的特殊公共危机事件

从19世纪后期到20世纪上半叶,西方列强不仅直接动用武力对中国领土蚕食鲸吞，而且操纵支持新疆、西藏等地的分裂主义势力，制造了一系列旨在分裂中国的严重事件。新中国成立以后，分裂势力蛰伏了一段时间，但从20世纪80年代以来，"藏独"和"三股势力"活动日益猖獗，陆续制造了多起骇人听闻的恶性恐怖事件。

十四世达赖及其"藏独"集团从1959年叛逃后，从未停止过对我藏区进行武装袭扰、思想渗透和策动叛乱。20世纪80年代以来，受国内外多重因素的影响，"藏独"势力活动更加频繁，1987年、1988年、1989年连续三年在西藏制造了大规模的骚乱事件。2008年在我国举办奥运会前夕，策动了拉萨"3·14"严重打砸抢烧杀事件。此后，又通过积极策划煽动，不断制造僧人自焚事件。

新疆"三股势力"渊源久远，20世纪30年代甚至还一度在南疆建立了短命的所谓"东突厥斯坦伊斯兰共和国"。新中国成立之初的1950年，分裂组织在伊宁发动武装叛乱，此后陆续在多个阶段掀起了暴恐活动高潮，残杀和伤害数以千计的干部群众。从1990年"巴仁乡事件"以来，"三股势力"进入了一个新的活跃阶段，连续实施"断桥赶汉"系列刺杀及连环爆炸等暴乱活动，并逐步形成了以"世界维吾尔代表大会""东突流亡政府"和"东突厥斯坦伊斯兰运动"为代表的三大派系。一方面，与境外民族分裂、宗教极端、暴力恐怖组织及其他反华势力密切勾联，寻求国际支持。另一方面，加紧在新疆制造暴力恐怖事件并不断向内地扩散蔓延。2008年在喀什袭警，导致16人死亡、16人受伤；2009年在乌鲁木齐制造"7·5"严重暴力犯罪事件，造成197人死亡、1 700多人受伤；2013年10月28日，恐怖分子驾车撞击天安门金水桥，造成5人死亡、38人受伤；2014年3月在昆明火车站砍杀无辜群众，造成29人死亡、143人受伤；2014年5月22日在乌鲁木齐早市制造冲撞和爆炸事件，使31人死亡、94人受伤。

频繁的暴恐活动，不仅使人民群众生命财产遭受严重损失，也对边疆民族地区乃至全国的社会稳定与国家安全构成了严重威胁。

二、边疆民族地区公共危机的特点与发展趋势

（一）一般突发公共安全事件的特点与发展趋势

边疆民族地区一般突发公共安全事件，总体上与内地发生、发展规律相似，但也呈现出一些与内地不同的特点和发展趋势。

首先，边疆民族地区由于自然和社会环境的特殊性，各类突发公共安全事件在发生数量和事件规模、影响力方面，整体呈现上升趋势。如前述各类自然灾害、

火灾等事故灾难和群体性事件,在几大边疆省区,发生频率高,且造成的损失严重。

其次,边疆民族地区在应对突发公共安全事件方面存在着更多的困难。边疆民族地区经济发展水平相对滞后,自然地理条件更加恶劣,这使得边疆民族地区应对突发公共安全事件面临专业人才短缺、物资储备不足、技术手段落后等困难,同时受地形、地貌因素制约非常严重。例如2009年发生雪灾的西藏普兰县,离最近的城市日喀则距离超过1 000公里,且被雪山荒原阻隔,雪灾发生后,交通、通讯中断,救援极其困难。2012年新疆若羌地震,震中距离周边城市也都超过500公里,且受高山、沙漠地形阻挡,救援队伍和物资很难及时到达。

最后,边疆民族地区突发公共安全事件诱因增加且呈复杂化趋势。随着边疆民族地区经济发展、利益格局变化、对内交往和对外开放程度加深,边疆民族地区各类突发公共安全事件,特别是突发群体性事件的诱因不断增加,各类诱导因素间的关系也变得日益复杂,使事件应对更加困难。

(二) 特殊公共危机事件的特点与发展趋势

第一,极端势力暴恐活动更加猖獗。进入21世纪以来,民族分裂、宗教极端势力活动频繁,接连制造了多起严重的暴力恐怖事件。仅在2014年上半年,新疆就连续发生了十几起严重袭击事件,远超过去常年平均值,并呈现出独狼式、家族式犯罪特点,从筹划到实施时间短,暴恐活动点多面广,伤亡人数不断增加,引发的社会恐慌情绪日益严重,使边疆乃至全国的社会安全成本不断增加。

第二,特殊公共安全事件的诱因和发展轨迹呈复杂化趋势。目前,边疆民族地区正处在快速的社会变化阶段,社会转型必然会引发一些新的矛盾与问题。在过去较长一段时间里,边疆民族地区的一般突发事件,涉及民族、宗教、边疆因素的公共危机事件和具有分裂国家诉求的敌对势力策划制造的事件,相对发生在各自不同的领域和层面,相互之间影响较小。但近几年来,各类因素有时会相互叠加、催化转换。如一些跨境走私物品可能会成为极端势力所需的暴恐、通信器材;部分地下讲经活动或非法宗教聚集,可能会演变为极端思想传播和暴恐活动策划的温床;非法越境人员中有一部分就是出境接受极端组织培训或参加"圣战"的成员;普通的民间纠纷、治安问题,也会被别有用心地赋予民族宗教色彩;甚至对自然灾害、事故灾难的应对和处置,都会被牵强地用于质疑政权的合法性、质疑民族团结共处的合理性。这其中最重要的原因是分裂主义势力改变了活动策略,刻意利用边疆民族地区经济社会发展过程中存在的各种阶段性问题,制造或扩大社会矛盾,煽动族群间仇视情绪，并借助犯罪势力获取资源。极端势力不断寻找利用社会转型期出现的各种矛盾与问题，煽动和制造分裂国家的事件，使得这类事件诱因更复杂，发展轨迹与以往相比也出现了较大变化。近年来若干暴恐事件都体现了这种新的变化——经济发展落差、公共服务短缺、人口增长与就业困难、极端宗教传播、分裂主义蛊惑、境外势力操纵、新型传媒手段对信息的扭曲扩散等，使公共危机管理在原因分析和应对措施等方面都面临着更为复杂的局面。

第三，分裂势力加速向内地蔓延并努力拓展国际生存空间。近年来，分裂主义势力不断借助我国对内放松管制、对外扩大开放的形势，加速向内地和国际社会扩散，试图在国内扩大其社会基础，制造更具震撼性的事件，对外推动中国边疆"民族"分离运动国际化，借助国际反华势力对华采取遏制战略以壮大实力。目前已经有数起被破获的案件显示，"三股势力"已在内地一些省市建立了活动基地，发展组织成员，且其情报搜集、资源准备、组织动员等能力已经达到相当程度。在国际层面，"藏独"势力、新疆"三股势力"都在积极寻求国际社会支持，在西方国家频繁窜访，与其政治领袖、国会议员等密切接触，并在国外建立活动基地，成立多种类型的分裂组织。如"国际西藏运动"已在世界160多个国家和地区设有分支机构，成员多达9万余人。"自由西藏学生组织"也在欧美和南亚等35个国家的高校及社团中拥有超过650个分支机构。世界维吾尔代表大会、东突厥斯坦伊斯兰运动、东突厥斯坦解放组织等也在境外活动频繁。各类组织相互呼应，彼此借力，不断推动所谓"西藏问题""新疆问题"的国际化。

第四，国际反华势力借助所谓"民族""宗教"问题干扰中国发展与稳定，以达到其遏制中国的目的。21世纪以来，对国际格局产生最重要影响的因素就是中国的迅速崛起，因而国际反华势力不断寻求各种手段试图"遏制"乃至肢解中国。而中国边疆分裂极端势力，则成为他们可资利用的最有力的工具之一。目前有30多个国家的议会有支持分裂势力的组织，频繁就西藏、新疆问题召开专门会议，通过各种议案、听证会等对中国政府施压。一些西方国家甚至公开纵容、支持分裂势力在其境内或各个国际领域开展反华活动，部分国家的主要领导人频繁接见分裂运动领袖，而且在涉华重要外交场合安排分裂势力活动或给分裂活动提供某些方面的支持，而对分裂势力近年来制造的各种惨案则选择性失忆。

三、推动边疆民族地区公共安全治理体系和能力现代化

多年来，边疆民族地区各级政府及其他社会治理主体，为了维护社会稳定，促

进民族团结，巩固边疆安全，一直积极努力防范和化解各类社会矛盾，应对各类公共危机事件造成的挑战，并取得了较为丰富的经验和显著的成效。当然，由于受到诸多因素影响，目前边疆民族地区公共危机治理体系也还面临着如下问题：侧重于对公共安全事件既发后的响应处置，而预警预防机制建设则相对不足；应急预案的针对性与可操作性不够强，相关预案与本地区特点结合度不高；应急管理所需人力资源、物资储备、应急设施等配备不足；应急管理与一般社会管理、公共服务的衔接不畅。因此，边疆民族地区需因地制宜采取措施，不断完善本地方的应急管理体系。

（一）严厉打击暴力恐怖势力

近年来，分裂和极端势力异常活跃、暴力恐怖活动日渐频繁，对边疆民族地区乃至全国的发展稳定构成了严重威胁。因此，集中力量严厉打击暴恐活动，是当前维护边疆民族地区社会稳定和长治久安的首要任务。

首先，要结合打击暴恐活动的专项行动，构建预防和打击暴恐势力的群防群治机制。2014年5月，经中央批准、国家反恐怖工作领导小组决定，以新疆为主战场，其他省区市积极配合，开展为期一年的严厉打击暴力恐怖活动专项行动，以有效应对当前严峻复杂的反恐怖斗争形势，遏制新疆暴力恐怖活动多发频发势头，防止暴力恐怖、宗教极端活动向内地发展蔓延，确保新疆及全国社会大局的稳定。但由于边疆特殊的地理环境、社会环境，暴力恐怖主义势力隐藏较深，组织人员分散在各地，已经形成了较为隐蔽且稳定的活动基地和联络渠道。要从根本上铲除暴力恐怖主义势力，不仅要有国家专政力量的集中专项行动，更要积极发动群众，建立有效的群防群治机制。要在政府主导下，以公共安全部门为主力，基层政府、基层自治组织为框架，各类社会组织和广大民众共同参与，编织起反恐斗争的天罗地网，让暴力恐怖分子无处藏身。

其次，要加强宣传工作和舆论引导，切断暴力恐怖势力思想渗透的渠道。极端宗教思想和极端民族主义思想渗透——培养思想极端化的活动骨干——组织实施暴恐活动，是暴力恐怖活动的三个关键环节，而思想渗透又是其基础和前提。针对恐怖势力不断利用各种传播媒介开展的思想渗透，要依托现有大众传媒、宗教组织、学校和基层宣传舆论阵地，开展有效的反渗透宣传，重点加强对网络舆论平台和其他电子媒介的引导与监管，及时清理各类煽动暴力恐怖活动的宣传信息，切断暴力恐怖势力信息的传播渠道。

最后，加强国际反恐合作，压缩暴力恐怖主义势力的国际生存空间。恐怖主义是人类共同的敌人,反恐斗争也需要国际合作和相互支持。一方面,要主动掌握国际话语权,积极向国际社会介绍中国边疆民族地区经济社会的发展成就,及时揭露分裂极端势力用血腥手段滥杀无辜的凶残暴行,批驳国际反华势力别有用心的宣传蛊惑和对事实真相的歪曲。另一方面,要加强与中亚五国和巴基斯坦、阿富汗等国的反恐双边合作,铲除极端势力在邻国的活动基地。加大"上海合作组织"框架内的反暴恐合作,并积极与阿拉伯国家及相关国际组织沟通协调,强化打击暴力恐怖活动的国际协作机制。

(二) 积极探索化解影响社会安全各类矛盾的长效机制

维护边疆民族地区社会稳定,必须探索建立消除社会危机根源的长效机制。要将发展经济、完善市场机制、培育公民观念、合理引导宗教活动、创新社会治理方式等措施组合在一起,形成综合治理力量,以实现边疆民族地区的长治久安。

第一,创新边疆民族地区公共安全治理理念。在边疆公共安全治理过程中,需要从我国现代国家经济、社会、文化整合和区域、族群交流互融的宏观视角审视相关体制与机制,不断创新公共安全治理理念。首先,要统筹协调发展与稳定的关系。历史经验表明,一些发展相对滞后、贫困群众相对集中的地区,恰恰也是分裂势力活动相对猖獗的区域。因此,加快改善民生,缩小区域发展差距和改善利益分配格局,让发展成果惠及更多民众,对于促进社会稳定具有重要的意义。然而经济发展并不会必然带来社会稳定,只有将改善民生、加强和创新社会管理与加大打击分裂极端势力的力度结合起来,才能真正实现边疆社会稳定和长治久安。其次,要警惕和防范分裂极端势力与国际反华势力借助一般公共安全事件破坏社会稳定与民族团结。在应对各类突发事件过程中,要对其中涉及的民族因素、宗教因素、国际因素进行科学的分析和预判,采取综合性、长效性应对方案,而不是简单地平息事态。最后,强化法治观念,在公共危机事件应对过程中,要坚持法治手段优先,真正做到法律面前人人平等。

第二,积极推动教育事业发展,加大力度解决就业问题。目前暴恐活动的一个重要特点是,参与人员年轻化,受教育程度低,这些人对"三股势力"宣传渗透缺乏免疫力。同时,一些边疆民族地区人口出生率高、增长快,而就业市场容量小,就业服务体系相对薄弱,因此农村剩余劳动力转移困难,特别是青年人就业困难,并由此滋生了不满情绪。两者叠加,使得部分青年容易接受极端思想的宣传蛊惑。因此,要进一步突出教育优先发展的地位,提高边疆各级学校入学率,大力发展职业教育,尤其要加快偏远农村牧区的教育发展,以教育现代化促进区域和人的现代化。同时，要积极依托日益发达的市场机制，并辅之以必要的政策扶持，建立多元化就业渠道。并要积极有序引导边疆各族群众到内地就业，建立内地政府、企业面向边疆的就业合作体系，从源头上解决"暴恐年轻化"的问题。

第三，加快推动边疆民族地区公共服务体系建设与市场机制完善，将全体国民整合成牢固的利益共同体。要积极借助市场机制，促进边疆内部资源整合，推动边疆地区市场与内地市场的融合，加强不同区域和族群间的利益联系。通过市场机制，促进各族民众在一起就业、创业、交易、交流，进而形成和强化共同利益感。要积极依托新型社区建设和公共服务，特别是解决住房、教育和公共卫生等民生问题的公共服务，打造各民族共同居住的相互嵌入式社区，在共同生活中加强彼此交流和了解，以优质的公共服务为纽带强化各族群众的共同利益和共同责任。

第四，加强国家认同、公民意识和法治观念教育。强烈的国家认同、明晰的公民权利和责任意识以及法治观念，是维护边疆民族地区社会稳定与民族团结的基石。因此，应以教育体系和公共文化服务体系为基本依托，积极探索多层次、多角度、行之有效的国家观、公民观念、法治观念教育，厘清国家与民族、宗教与社会的关系，明确族属情感、宗教信仰在社会公共生活中的领域与范围，不断增强各族群众对祖国的认同、对中华民族的认同、对中华文化的认同，防范分裂极端势力利用"民族""宗教"问题，煽动各类社会矛盾。

第五，规范和引导宗教活动。许多边疆地区少数民族基本上全民信教，宗教活动是民众日常生活的重要组成部分，也是民族文化的重要组成部分。如西藏有1 700多处藏传佛教活动场所，住寺僧尼约4.6万人。新疆有清真寺24 000多座，宗教教职人员29 000多人，清真寺的数量、密度和人均拥有量已超过了一些传统的伊斯兰国家。然而，在保障民众宗教信仰自由的同时，也要严厉打击非法宗教活动，防范分裂极端势力利用民众虔诚信教的社会环境，歪曲宣传宗教教义，曲解宗教与社会、宗教与国家的关系，进而煽动组织暴恐活动。

第六，积极创新社会管理体制与机制。维护边疆民族地区社会稳定，必须要通过社会治理创新，夯实基层工作。特别是要加强基层治理主体，包括乡镇政府和基层群众自治组织的力量，提高基层治理主体服务能力以及对各类公共安全问题的监测、管理和控制能力。依法授予基层治理主体适当的先期处置决策权力，使其对一些危险情境和危险人员能够采取必要的及时处置，避免因小范围的危险因素扩散而引发更严重的公共危机事件。要积极引导内地优秀人才到边疆民族地区基层治理机构工作，进一步加强边疆民族地区现有的基层联防机制建设，充实基层治理主体开展社会管理工作所需的资源。

参考文献：

［1］2012 年 12 月 14 日新华网，http：//news. xinhuanet. com/city/2012 - 12/14/c_ 124096405. htm.

［2］新疆安全生产委员会办公室. 2013 年 11 月全区生产安全事故情况通报（新安办〔2013〕72号）［EB/OL］. http：//www. xjsafety. gov. cn/tabid/160/InfoID/35756/frtid/514/Default. aspx.

［3］云南省安全生产监督局. 2013 年 1 ~ 12 月全省安全生产情况通报［R］. http：//www. yn-safety. gov. cn/contents/229/13696. html.

［4］穆撒. 中越边境走私带调查"敢死队"飞蛾扑火式死亡［EB/OL］. http：//news. xinhua-net. com/world/2004 - 11/23/content_ 2251686. htm.

公共领导的生态文明绩效考评模型建构[*]

程波辉[**]

（对外经济贸易大学　公共管理学院，北京　100029）

摘　要：公共领导绩效考评对生态文明建设具有方向的把控性、动力的聚合性和责任的落实性等作用。首先，依据领导的内涵构成和生态文明建设的目标要求，把领导系统和生态系统融为一体，构建公共领导的生态文明绩效考评模型，即采用集对分析法，分别将领导环境与生态制度和生态文化、领导者与生态规划和生态组织、下属与生态执行和生态建设相匹配，置于同一考评框架内。其次，运用模糊综合评价法对这一模型给予实证模拟，得出该模型具有可行性和实用性。最后，为了发挥公共领导的生态文明绩效考评模型的效用，从生态文明考评的价值取向、考评原则、考评主体结构以及考评结果运用等方面给出了改进和完善公共领导的生态文明绩效考评所需的制度保障。

关键词：公共领导；生态文明；绩效考评；评价模型；实证模拟

　　加快推进生态文明建设是当前我国十分繁重而紧迫的目标和任务。"总体上看，我国生态文明建设水平仍滞后于经济社会发展，资源约束趋紧，环境污染严重，生态系统退化，发展与人口资源环境之间的矛盾日益突出，已成为经济社会可持续发展的重大瓶颈制约。"[1]绩效考评是推进生态文明建设的重要突破口，因此，关于生态文明绩效评价的研究意义重大。但从现有的研究来看，有关生态文明评价体系的设计对实践的指导价值十分有限，绩效考评的杠杆功能并不显著，绩效考评形式主义、异化现象比较明显。究其原因，主要在于各级各部门囿于经济下行压力、部门利益等对生态文明建设的抵制，尤其是各级领导缺乏生态文明建设的意愿和动力。

---

[*] 基金项目：教育部人文社会科学规划项目"公共领导力与执行力建设研究"（批准号：13YJA630067）。
[**] 作者简介：程波辉（1979—），男，江西余干人，管理学博士，对外经济贸易大学公共管理学院讲师，主要从事领导力和政府绩效评估研究。

因此，当务之急是加强公共领导的生态文明绩效考评，发挥各级领导的引导和推动作用，进而激发生态文明建设的动力。事实上，"生态文明考核评价制度的目的，在于引导广大干部尤其是领导干部形成正确的执政导向……把生态文明建设的各项要求细化为各级领导班子的政绩考核内容和工作追求目标"。[2]本文旨在从规范与实证相结合的研究视角，阐明公共领导绩效考评对生态文明建设的推动作用，以及如何建构公共领导的生态文明绩效考评模型，并对其相关的制度保障给予探讨。

一、公共领导绩效考评：生态文明建设的重要推动力

所谓公共领导的生态文明绩效考评，简言之就是运用科学的方法、标准和程序，对公共领导主体的生态文明建设业绩、成就和实际工作做出尽可能准确的评价，并在此基础上对公共领导的生态文明绩效进行改善和提高。[3]换言之，公共领导的生态文明绩效考评以测定、确认和评价领导主体的生态文明建设效果为主要目的，以公认的、法定的和制度规定的生态文明建设职能、职责、规范、绩效标准和生态政绩导向为依据，对在任领导者和领导班子乃至整个领导系统在生态文明建设中的现实言行、作为、过程及结果和水平进行专项或全面评价，由此确认其在生态文明建设中的实际的合格程度、胜任程度、优秀程度和贡献程度。[4]可以说，有效增强生态文明建设的绩效，关键在于加强对各级各部门领导的考核评价。因为领导具有宏观性、战略性、全局性、指导性等特性，而生态文明建设就需要这种领导的把控和推进。"实践证明，生态文明建设能不能搞好，关键在各级领导。因为各级领导干部是建设生态文明的参与者、实践者、决策者和指挥者，是名副其实的'领军人物'，领导的表率引领作用至关重要。"[5]下面主要从领导的本质内涵以及绩效考评的功能价值的角度，对公共领导绩效考评之于生态文明建设的意义和作用给予探讨。

首先，公共领导绩效考评有助于把控生态文明建设的方向。生态文明建设的方向在加快推进生态文明建设中具有核心意义，是保证生态文明建设目标实现的前提与基础。分析当前我国生态文明建设的实践，会发现许多"先开发、后修复"、"先污染、后治理"或曰"先发展、后治理"的生态治理模式皆因生态文明建设方向不明确或错位，或者难以在实践中驾驭和具体实施生态文明建设的目标要求。那么，如何保证生态文明建设方向的正确及不被扭曲呢？发挥绩效考评的引领和"倒逼"功能是关键，尤其是公共领导的绩效考评作用。党的十八大以来，我国在生态文明建设方面已出台了诸多法规政策，2015年更是印发了《关于加快推进生态文明建设的意见》的系统性文件，生态文明建设的目标要求已非常明确，如"到2020年，

资源节约型和环境友好型社会建设取得重大进展，主体功能区布局基本形成，经济发展质量和效益显著提高，生态文明主流价值观在全社会得到推行，生态文明建设水平与全面建成小康社会目标相适应"[6]。也就是说，节约、友好、质量、效益等价值将主导生态文明建设全过程。然而，要实现这一目标，仅靠纸上谈兵或各级各部门的行动自觉是行不通的，必须把实施目标转变成考核目标，以考核促实施；必须加强对各级各部门领导的生态文明绩效考评，以领导绩效考评引领生态文明建设。正是在这个意义上，公共领导绩效考评对生态文明建设的方向具有把控性。

其次，公共领导绩效考评有助于聚合生态文明建设的动力。缺乏动力和意愿是当前我国生态文明建设难以有效推进的重要原因。诸如绿色发展孱弱、循环发展滞后、低碳发展受阻、发展的短期化、以拼资源求发展等，都是源于生态文明建设的动力不足或动力分散。在个人利益驱使下，人们都以毁坏环境、破坏生态为代价来寻求短期目标的实现。由此，有学者指出，"面对生态环境建设任务的艰巨和形势的严峻，强化领导干部的生态意识，于当前尤其突出和迫切"[7]。那么，如何增强生态文明建设的意愿和动力？以结果为导向的绩效考评，对于生态文明建设具有重要的动力作用和杠杆功能。一般而言，绩效考核与绩效观密切相关，特定的绩效考核对绩效观具有强化甚至决定作用，而这种绩效观对具体的主体行为具有引领作用。从这个意义上来说，公共领导的绩效考评必然指引着领导班子和领导干部的生态文明建设行为，有什么样的生态文明绩效考评，就有什么样的生态文明绩效观，通过塑造公共领导的"生态型绩效观"，必定能增强其生态文明建设的意愿和动力。此外，由于领导班子或领导者在一个公共组织中处于核心地位，他们在组织中的行为表现具有表率和社会引领作用，即引导下属和公众参与生态文明建设。因此，公共领导的绩效考评能够凝聚生态文明建设的各方力量。

最后，公共领导绩效考评有助于落实生态文明建设的责任。加快推进生态文明建设，关键在于落实。生态文明建设的各项法规和政策如果不加以落实，生态文明建设就会流于形式。当前我国各地各部门出现的"上有政策、下有对策"的环保政策执行力弱化的现象，生态环保不作为的问题，生态补偿不公正或缺失的问题……诸如此类的问题都是源于生态文明建设的责任不明确或责任落实不到位。那么，如何有效落实生态文明建设的责任？一般来说，绩效考核与目标责任密切相关，考核的过程就是责任分解和落实的过程。显然，公共领导的绩效考评对于落实生态文明建设的责任具有重要作用。正是通过绩效考评，部门的生态文明建设职能、职责、规范等才得以落实；正是通过环境保护问责制、生态"一票否决制"等考核制度的实施，部门领导才积极、主动承担起生态文明建设的职责，并带动下属和公众担负生态文明建设的责任。因而可以说，生态文明建设的责任落实与否很大程度上取决于公共领导绩效考评的实现程度和水平。当生态文明绩效考评实现了既定的考核目标时，就表明生态文明建设取得了成效，相应的生态文明建设责任也就得到了落实。正是在此意义上，加强和改进公共领导的生态文明绩效考评，提升领导主体的生态文明建设责任担当十分重要和迫切。比如，近年来西宁市就是通过"实行'一把手'亲自抓、负总责，层层建立责任制，把生态文明建设纳入考核目标，试行领导干部生态保护'一票否决'制"[8]才脱颖而出，成为全国生态文明建设的模范城市。

二、公共领导的生态文明绩效考评模型建构思路

公共领导与生态文明绩效考评相结合是一个崭新的课题。在梳理和分析现有的生态文明评价指标体系的文献基础上，结合领导的内涵构成和本质特征，尝试构建一种公共领导的生态文明绩效考评模型。

（一）生态文明评价指标体系的文献梳理及其综合评价

关于生态文明建设问题的研究主要聚焦于生态文明指标体系的构建。自20世纪80年代以来，国外学者开始着眼于可持续发展评价模型的研究，加拿大较早提出"压力—状态"模型，后被拓展为"压力—状态—响应"（PSR）结构体系。国内学者对生态文明指标体系的研究尽管起步较晚，但也取得不少成果。其中，黄光宇基于生态建设的终极目标，构建了以社会生态、经济生态和自然生态为目标层，社会服务保障、经济发展水平、自然生态环境等八项为准则层，以及64项具体指标的评价指标体系[9]；侯鹰、李波、郝利霞等在综合考虑北京市发展现状、目标的基础上，构建了北京市生态文明建设评价指标体系，包括生态环境、生态经济、生态行为、生态安全、生态文化、生态社会六个准则层，以及城市绿化覆盖率、环保投资占GDP的比重、城市每万人拥有公共交通车辆数等23个具体指标层[10]。对这些指标体系给予分类，大体可以分为两种类型：一种是"总指标—考察领域—具体指标"的三层次结构类型。如北京林业大学生态文明研究中心课题组提出的生态文明建设评价指标体系就属于这种类型，它包括一个总指标即生态文明指数（ECCI），五大考察领域即生态活力、环境质量、社会发展、协调程度和转移贡献以及25个具体指标；浙江省统计局课题组构建的浙江生态文明建设评价指标体系由一个总指标（浙江省生态文明指数）、四大领域（生态经济、生态环境、生态文化、生态制度）和37项评价指标构成。另一种类型不设总指标，仅包括一级指标和二级指标。其中

一级指标又以4个指标和5个指标最多，但具体内容又有所不同。如李勇、周学馨构建的生态文明建设综合评价指标体系，包括国土空间优化度、资源节约合理度、生态环境保护度、制度建设完善度4个一级指标，每个一级指标又包括5个二级指标，共20个。[11]张欢、成金华[12]从资源条件优越、生态环境健康、经济效率较高、社会稳步发展四个方面设计了生态文明评价指标的准则层，每个准则层又包括5个指标，共计20个指标。刘衍君、张保华、曹建荣等[13]从生态环境保护、经济发展、社会进步、生态环保意识四个方面选择了23项单项因子，构建了生态文明指标体系。而冯志峰、黄世贤[2]将生态文明评价指标分为生态价值文明、生态产业文明、生态制度文明、生态环境文明和生态行为文明5个一级指标和36个二级指标。齐心[14]认为生态文明建设指标体系可以由生态自然、生态经济、生态社会、生态政治和生态文化5个一级指标组成。杜宇、刘俊昌[15]从自然（资源节约、环境友好）、经济（经济又好又快发展）、社会（社会和谐有序）、政治（绿色政治制度）、文化（生态文化的发展及普及）五个方面设计出包含34个指标的生态文明建设评价指标体系。[16]

综上所述，有关生态文明评价指标体系的研究已十分丰富，这为公共领导的生态文明绩效考评模型建构提供了重要的理论素材和参考依据。就生态文明指标体系的设计维度来看，无论是"八项准则层"还是"六个准则层"，也不论是"五大考察领域"还是"四大考察领域"，可以肯定的是，生态文明绩效考评从维度来看至少应包括生态经济、生态制度、生态文化、生态行为四个层面，只不过结合不同的生态文明绩效评估领域，考核维度的侧重点或权重、组合排序有所不同而已。正如严耕所说的，"生态文明建设包括器物、行为、制度和精神4个层面"。[17]也就是说，生态文明是由器物层次的生态物质文明、行为层次的生态行为文明、制度层次的生态制度文明和精神层次的生态精神文明所构成的。[16]因而生态文明绩效考评也应以这些内容为核心取向。

（二）公共领导的生态文明绩效考评模型建构的基本思路

如前文所述，公共领导的生态文明绩效考评有其特殊性，这种特殊性主要体现在考评对象的不同上，即主要是对公共领导加快推进生态文明建设绩效的考评。因而，公共领导的系统构成、职能要求、行为规范等便成为生态文明绩效考评的重要对象。也就是说，从理论上来说，构建公共领导的生态文明绩效考评体系，关键是要明确公共领导与生态文明建设的交集。从要素上来看，领导一般由领导环境、领导者、下属所构成。"在整个领导系统中，有三个要素：环境、领导者、下属。"[18]

就一般含义而言，领导环境主要是指影响和制约领导活动发展的各种体制、文化等外部条件的总和；领导者主要是指组织活动中，拥有法定职权，能够体现集体意志并充当支配角色的个人和集体；下属主要是指组织活动中处于被领导地位的个人或集体。结合生态文明建设的蕴含，即生态文明建设主要包括生态经济、生态制度、生态文化和生态行为等内容，领导系统中的环境就是为加快推进生态文明建设所需的各项制度、法规和文化；领导者就是为加快推进生态文明建设而进行系统谋划和组织设计的个人和集体；下属就是对生态文明建设的法规、政策等加以实施并承担生态建设任务的个人和集体。因而，结合层次分析法的运用，公共领导的生态文明绩效考评体系可用图1来表示。

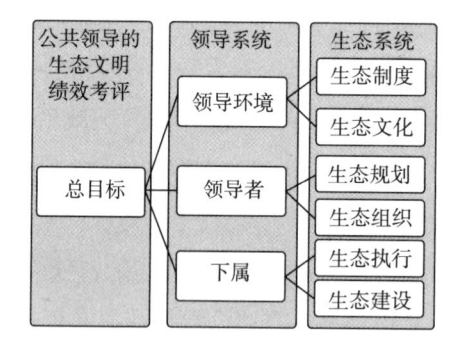

图1 公共领导的生态文明绩效考评体系

从图1中不难看出，公共领导的生态文明绩效考评模型的建构可以采取集对分析方法，并主要运用矩阵模型，将领导系统和生态系统加以集对，以此进行公共领导的生态文明建设发展水平评估。所谓集对，是指由具有一定联系的两个集合组成的基本单位。而模型"是对研究系统的数理性描述，理性模式使社会科学研究有可能具有自然科学研究的逻辑性和精确性。建模的任务是确定模型的结构和参数"[19]。由此，可以对公共领导的生态文明绩效考评给予数理模型的建构。设定公共领导的生态文明绩效考评的总目标为W，则共有3个待考评的领导系统对象组成被评价对象集（即领导环境、领导者、下属），记为W_1、W_2、W_3；每个对象有2个生态系统考评指标（即生态制度与生态文化、生态规划与生态组织、生态执行与生态建设），每个评价指标均有一个值标志，记为W_{ij}（$i=1,2,3$；$j=1,2$）。由此可得到基于公共领导的生态文明绩效考评矩阵W_v（如下所示），运用这个矩阵模型就可以对公共领导的生态文明建设绩效加以考核评价。

$$W_v = \begin{bmatrix} W_1 & W_2 & W_3 \end{bmatrix} = \begin{bmatrix} W_{11} & W_{22} \\ W_{21} & W_{22} \\ W_{31} & W_{32} \end{bmatrix}$$

三、公共领导的生态文明绩效考评实证模拟

公共领导的生态文明绩效考评模型的有效性，有赖于实证模拟。只有按照该模型来演绎能够得出合理的结论，就说明该模型是有效的。对公共领导的生态文明绩效考评进行实证模拟，必须首先确定考评的方法。绩效考评方法多种多样，本文所选用的是模糊综合考评方法，因为它能较好地规避考评环境各种不确定因素的干扰，并且综合模糊考评没有严格的等级观念。因此，构建模糊综合考评模型是一种有效的评价方法。[18]

首先，确定考评指标的权重。目前，确定权重的方法主要有专家赋权法、德尔菲法、层次分析法等。本指标体系采用专家赋权法计算指标权重，选取某一公共部门中的高层、中层领导，普通行政人员，环评专家等多层次人群组成评审团，对考评指标的权重进行赋值。根据前文论述的考评模型，以1为参数，假设专家给出的一级考评指标权重为：$W = (W_1, W_2, W_3) = (0.3, 0.4, 0.3)$，以及二级考评指标权重为：$W_1 = (W_{11}, W_{12}) = (0.6, 0.4)$，$W_2 = (W_{21}, W_{22}) = (0.4, 0.6)$，$W_3 = (W_{31}, W_{32}) = (0.7, 0.3)$。

其次，确定评价集。评价集是对各层次考评指标的一种语言描述，它是评审人对各考评指标所给出的评语的集合。根据目前所设置的公共领导的生态文明绩效等级，将评价集分为三级，具体的评价集为：$V = (V_1, V_2, V_3) = $（好，一般，差）$= (5, 3, 2)$。

最后，具体的实证模拟。首先需要借鉴现有的生态文明评价指标体系和领导干部政绩考核指标体系，设计一系列封闭式问卷和开放式问卷相结合的问卷。问卷的对象至少应包括地方各级公共部门内高层、中层领导者，普通行政人员，环评专家，环保NGO，企业以及社会公众等。然后，运用统计方法对问卷加以分析，进而计算公共领导的生态文明绩效考评的得分。假设各指标的得分为：W_{11}（5分，3分，2分），W_{12}（4分，3分，3分）；W_{21}（4分，4分，2分），W_{22}（4分，4分，2分）；W_{31}（5分，3分，2分），W_{32}（4分，3分，3分）。具体如下表所示。需要说明的是，本文所设计的三级指标的结构及内容，主要是为了方便统计，提供一种具体指标设计的思路或模板而已，并没有穷尽公共领导的生态文明绩效考评的所有内容。也就是说，与各个二级指标相对应的三级指标的数量可以是3个，也可以是4个或5个，指标内容也可以变换。

根据表1，可以构造二级指标模糊考评矩阵为：

表1　公共领导的生态文明绩效考评实证模拟的指标体系及得分

一级指标	权重	二级指标	权重	三级指标	得分
领导环境	0.3	生态制度	0.6	生态法规和制度完善程度	5
				地方性生态规章完善程度	3
				生态预警机制完善程度	2
		生态文化	0.4	生态文明观念普及程度	4
				生态文明社会教育程度	3
				生态文明宣传费用支出增长率	3
领导者	0.4	生态规划	0.4	生态文明建设远景规划制定	4
				生态文明建设年度规划制定	4
				城乡生态文明建设统筹协调规划	2
		生态组织	0.6	生态文明考核组织机构完善程度	4
				社会志愿者与民间环保组织发展程度	4
				民众参与生态环保与治理的程度	2
下属	0.3	生态执行	0.7	生态法规和制度执行率	5
				地方性生态规章执行率	3
				公众对环境保护的满意度	2
		生态建设	0.3	森林覆盖率或耕地保有量或空气质量优良天数，任选其一	4
				污染物减排率或污水处理率或垃圾无害化处理率，任选其一	3
				污染事故发生次数或污染投诉次数，任选其一	3

$$R1 = \begin{bmatrix} 0.5 & 0.3 & 0.2 \\ 0.4 & 0.3 & 0.3 \end{bmatrix} \quad R2 = \begin{bmatrix} 0.4 & 0.4 & 0.2 \\ 0.4 & 0.4 & 0.2 \end{bmatrix} \quad R3 = \begin{bmatrix} 0.5 & 0.3 & 0.2 \\ 0.4 & 0.3 & 0.3 \end{bmatrix}$$

再根据单级综合评判公式：$B_i = W_i \times R_i$，可以计算出：

$$B1 = \begin{bmatrix} 0.6 & 0.4 \end{bmatrix} \times \begin{bmatrix} 0.5 & 0.3 & 0.2 \\ 0.4 & 0.3 & 0.3 \end{bmatrix} = (0.46 \quad 0.30 \quad 0.24)$$

$$B2 = \begin{bmatrix} 0.4 & 0.6 \end{bmatrix} \times \begin{bmatrix} 0.4 & 0.4 & 0.2 \\ 0.4 & 0.4 & 0.2 \end{bmatrix} = (0.40 \quad 0.40 \quad 0.20)$$

$$B3 = \begin{bmatrix} 0.7 & 0.3 \end{bmatrix} \times \begin{bmatrix} 0.5 & 0.3 & 0.2 \\ 0.4 & 0.3 & 0.3 \end{bmatrix} = (0.47 \quad 0.30 \quad 0.23)$$

最后，根据高层次综合评判公式：$B = W \times R$，可以计算出：

$$B = \begin{bmatrix} 0.3 & 0.4 & 0.3 \end{bmatrix} \times \begin{bmatrix} 0.46 & 0.30 & 0.24 \\ 0.40 & 0.40 & 0.20 \\ 0.47 & 0.30 & 0.23 \end{bmatrix} = (0.439 \quad 0.340 \quad 0.221)$$

由此，公共领导的生态文明绩效实证模拟的综合评分为：

$$S = BV = \begin{bmatrix} 0.439 & 0.340 & 0H221 \end{bmatrix} \times \begin{bmatrix} 5 \\ 3 \\ 2 \end{bmatrix} = 3.657$$

根据最大隶属度原则，该公共领导的生态文明绩效考评实证模拟结果为良。显然，由于各指标得分的不同，实证模拟结果也会有很大的差异。

四、提升公共领导的生态文明绩效考评相关制度保障

本文系统地阐述了公共领导的生态文明绩效考评的重要意义和模型建构，并对其给予了实证模拟，说明本文所建构的公共领导的生态文明绩效考评模型是有效的、实用的。为了发挥该模型的效用，还必须完善相关的考评制度。"要真正做好领导干部生态文明建设的考核评价工作，必须有切实可行的保障制度，只有建立并实施切实可行的保障制度，才能确保广大领导干部把生态文明建设放在突出地位。"[20]具体而言，为加快推进我国生态文明建设的进程，在公共领导的生态文明绩效考评方面需要加强和完善以下几项制度保障。

一是进一步明确生态文明考评的价值取向。"实际上，现在一些地方领导干部生态意识淡薄，在不少地方，已经直接或间接地造成了生态环境恶化的严重后果。"[7]究其根源，就在于生态文明建设及其考核的价值取向不明确或错位。生态文明建设为实现经济社会持续健康发展提供了有效路径，即速度、结构、质量与效益相统一，经济发展与人口资源环境相协调，人与自然、人与人、人与社会相和谐的文明发展路径。因而，对领导干部的生态文明考评就不能局限于自然环境领域，而要进一步拓宽拓深到经济、政治、文化、社会各个领域，实现"五位一体"。如改善民生、塑造生态理念和促进生态教育等内容也应成为考评的指标要素。在具体工作考核上，不仅要看其投入了多少，更重要的是要考察领导干部所做的工作对群众需求的满足程度和对可持续发展的促进程度，这就要求在生态文明考评上坚持"质量为先"的价值取向。

二是明确和遵循生态文明考评的原则。这是改进公共领导的生态文明绩效考评的重要前提。依据生态文明建设的价值取向，生态文明考核的原则主要应包括法制

化、历史性、公开透明、环境优先、区域层次性、生态一票否决、评估主体多元化、定性与定量相结合等原则,以及在具体的指标体系设计上所必须遵循的精简、目标性、可测性、代表性、可操作性、相对独立性等原则。

三是进一步完善考评的主体结构体系。要建立多部门共同参与的考评机制,建议明确考核部门牵头,综合部门协调,环保部门监督,统计、监察、宣传及相关部门参与的考评机制,全面推进公共领导干部的生态文明绩效考评工作;建立多元、立体的社会评价机制,实行生态文明考核新闻通报和定期督查制度,并将人大、政府、行业协会、社会团体、新闻媒体合理评价结果按权重计分;建立公众参与机制,引入生态环境满意度民意调查,落实公众对生态文明考核评价的知情权、参与权和监督权。[21] 要通过公开栏、报纸、电视、微博、微信等多种途径和方式向全社会公布领导干部生态文明建设的进度、成果和计划,采用公开评议、个别访谈、问卷调查等方式,充分了解公众对领导干部生态文明绩效的认可度和满意度。

四是进一步完善考评结果运用体系。即改革公共领导考核评价任用制度,建立与生态文明建设考核实绩挂钩的领导干部奖惩机制。一方面,坚持奖励任用优秀,将生态文明建设考核结果与干部选拔任用、评优评先挂钩,优先提拔使用生态文明建设一线干部,优先推选生态文明建设中做出突出贡献的单位和个人作为先进典型。另一方面,坚守绿色底线,探索建立领导干部生态文明建设问责机制。运用考评结果改进工作、追究责任,对在考评中发现问题的单位和个人,及时给予督促整改,并建立整改责任追究制;对生态文明考评中发现决策失误、执行失误与严重渎职的领导干部,在评优和使用上实行"一票否决"。加快建立领导干部生态文明建设实绩档案制度,领导干部自然资源资产离任审计、生态环境损害责任终身追究制度,等等。[21]

参考文献:

[1] 中共中央国务院关于加快推进生态文明建设的意见 [N]. 人民日报, 2015-05-06.

[2] 冯志峰, 黄世贤. 生态文明考核评价制度建设:现状、体系与路径——以江西省生态文明建设为研究个案 [J]. 兰州商学院学报, 2013 (9).

[3] 刘旭涛. 政府绩效管理——制度、战略与方法 [M]. 北京:机械工业出版社, 2003.

[4] 王巍. 政府领导绩效评价模型与评价技术研究 [D]. 哈尔滨:哈尔滨工业大学, 2008.

[5] 许贵元. 领导干部要作生态文明建设的表率 [N]. 中国绿色时报, 2015-05-21.

[6] 中共中央国务院关于加快推进生态文明建设的意见 [EB/OL]. 新华社, [2015-05-05]. http://news.xinhuanet.com/2015-05/05/c_1115187518.htm.

[7] 钱夙伟.领导干部必须强化生态政绩意识［N］.中国绿色时报,2014-07-04.

[8] 吴亚春.西宁将试行领导干部生态保护"一票否决制"［EB/OL］.中国新闻网.［2014-01-06］.http://www.chinanews.com/gn/2014/01-06/5701763.shtml.

[9] 黄光宇,陈勇.生态城市理论与规划设计方法［M］.北京:科学出版社,2002.

[10] 侯鹰,李波,郝利霞.北京市生态文明建设评价研究［J］.生态经济(学术版),2012:(1).

[11] 李勇,周学馨.基于模糊灰色统计的生态文明建设综合评价研究［J］.重庆工商大学学报(自然科学版),2013(3).

[12] 张欢,成金华.湖北省生态文明评价指标体系与实证评价［J］.南京林业大学学报(人文社会科学版),2013(3).

[13] 刘衍君,张保华,曹建荣,等.省域生态文明评价体系的构建——以山东省为例［J］.安徽农业科学,2010(7).

[14] 齐心.生态文明建设评价指标体系研究［J］.生态经济,2013(12).

[15] 杜宇,刘俊昌.生态文明建设评价指标体系研究［J］.科学管理研究,2009(3).

[16] 乔永平,郭辉.生态文明评价研究:内容、问题与展望［J］.南京林业大学学报(人文社会科学版),2015(1).

[17] 严耕.生态文明评价的现状与发展方向探析［J］.中国党政干部论坛,2013(1).

[18] 马常智.基于模糊层次分析法的正能量领导力评价模型研究［J］.财经界(学术版),2014(15).

[19] 冯志峰.博弈论政治学:主体、主题与主线——一种致力于促进政治学科学化的探索研究［J］.东方论坛,2011(2).

[20] 赵兴玲.领导干部生态文明建设考核评价的思考［J］.管理观察,2014(1).

[21] 建立体现生态文明要求的领导干部考核机制［N］.广西日报,2015-06-04.

公共服务提供体制改革与治道变革

——基于制度分析的研究

齐 洁[*]

(北京交通大学 中国产业安全研究中心博士后科研工作站，北京 100044)

摘 要：本文基于制度分析方法，在操作选择层面、集体选择层面以及立宪选择层面分别论述公共服务提供体制的制度变迁，并且从公共服务提供者和公共服务水平两部分进行坐标建立，根据公共服务提供者（政府、非营利组织、企业等）以及公共服务水平的显性以及隐性表达，获得四个不同的象限。最终需要建立以协作性公共管理为理论支撑的公共服务提供体制，从而实现公共服务水平的显性表达，同时本文也为治道变革"抛砖引玉"。

关键词：公共服务；制度变迁；提供主体；过程合作；治道变革

一、公共服务

制度需要适应社会，随着"重塑政府"概念的提出，服务型政府变得越来越重要，新公共服务理论兴起。越来越多的专家学者对公共服务的提供问题进行研究。公共服务的定义重新被强化，学者专家越来越重视公共服务的重要性。

在中国经济迅速增长的同时，与人民生活息息相关的备受关注的环境保护、基础教育、卫生医疗、社会保障等基本公共服务的供给却日益滞后。对于公共服务的多样化需求，政府变得越来越难以满足。公共服务质量低、公共服务不到位等问题越来越明显，使得作为公共服务提供第一人的政府也显得力不从心。

李军鹏认为"公共服务"概念是由莱昂·狄骥提出的。他认为公共服务应该定

---

[*] 作者简介：齐洁，女，北京人，北京交通大学中国产业安全研究中心博士后，研究方向为产业安全、公共政策。

义为:"任何因其与社会团结的实现与促进不可分割、而必须由政府来加以规范和控制的活动,就是一项公共服务。"[1]

但是,到了目前为止学术界还是没有给出一个标准的解释,根据不同学者的研究内容,公共服务可以按照以下几个方面解释。

(一) 从公共物品来看

有学者从经济学的角度来对公共服务进行定义,认为公共服务就是公共物品,公共物品属于这样的一类产品,就是在增加对它的消耗过程中,它的成本不增加。[2]但是,还有学者认为公共物品与公共服务还存在一种包容关系或者并列关系。认为公共服务仅仅是公共物品中的一种,但是笔者认为公共服务的范围要比公共物品的范围更大些。同时,按照字面意思看,公共物品更强调有形,而公共服务更强调无形。

(二) 从提供主体来看

有学者从公共服务提供的主体角度出发来定义公共服务,就是说不适合市场进行提供的、应该由政府提供的服务就是公共服务。有学者从公共服务提供主体多元化的角度出发,进一步解释了公共服务,公共服务中的纯公共服务就是由政府单独提供的,如国防、公共安全和法律制度,公共服务中的混合型公共服务就是由政府与其他组织合作提供的。

(三) 从需求来看

有学者认为应该从公共服务的需求角度出发来对公共服务进行定义,就公共服务的需求来说,这是一种整合的集合体,但是公共服务也不是简单地将公众服务叠加而获得的,公共服务就是物化形态和非物化形态的服务。[3]

杨宏山根据公众对公共服务的依赖程度,将公共服务分为底线公共服务和一般公共服务。政府应该提供的最低范围的公共服务就是底线公共服务。除底线公共服务之外的政府服务,都属于一般公共服务。[4]

不仅如此,基本公共服务可以看作是最为基础的服务,也就是说没有这类服务就会严重地影响公众的生活和生存发展。总的来说,维护性公共服务就是维持政府国家运作的基础性公共服务,比如国防、外交等。经济性公共服务就是对于国家社会生产发展所需要的服务,比如水、电、通信等。社会性公共服务就是与民生相关的服务,如文化教育以及社会保障。

二、公共服务提供主体与公共服务绩效

图 1 主要以公共服务提供者和公共服务水平为坐标，根据公共服务提供者（政府、非营利组织、企业等）以及公共服务水平的显性以及隐性表达，获得四个不同的象限。

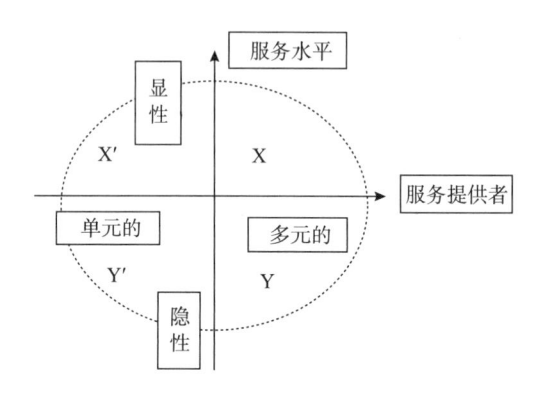

图 1　公共服务提供参考坐标系

其实包含了这个坐标系的所有内容：

X′区域：服务水平显性表达，服务提供者是单元的。在这个区域显示的状况可以看作是政府、市场、非营利组织单方面进行公共服务的提供。当然每一类组织都是会带来一定好处的。政府提供公共服务可以便于控制、减少"搭便车"行为。市场提供公共服务可以增加竞争，提高效率。非营利组织提供公共服务不仅可以增加灵活性，还可以获得更多的公众支持。

Y′区域：服务水平隐性表达，服务提供者是单元的。在这个区域显示的状况可以看作是政府、市场、非营利组织单方面进行公共服务的提供。服务水平的隐性表达是由于政府、市场和非营利组织都会存在失灵，如政府失灵中信息获取、行政成本、监督无效等。市场失灵表现为难以对自然资源的供给进行划分，以及存在信息不对称问题。非营利组织会产生慈善失灵。

Y 区域：服务水平隐性表达，服务提供者是多元的。在这个区域显示的状况可以看作是政府、市场、非营利组织共同进行公共服务的提供。服务水平的隐性表达在于各个提供者存在目标不同或者目标相同但是合作买卖、信任欠佳等问题，从而使得合作不畅。

X 区域：服务水平显性表达，服务提供者是多元的。在这个区域显示的状况可以看作是政府、市场、非营利组织共同进行公共服务的提供。通过一定的理论使得

这三者合作是有效的、是显性的。

三、公共服务提供体制的制度分析

如图 2 所示，第一个层次为操作选择层次分析，主要分析中国公共服务提供中的不同体制，这是整个分析的基础。在这个分析中，不同时期中国公共服务提供体制是自变量，而不同的绩效结果（公共服务绩效）是因变量。即是不同规则下的不同影响结果的研究。

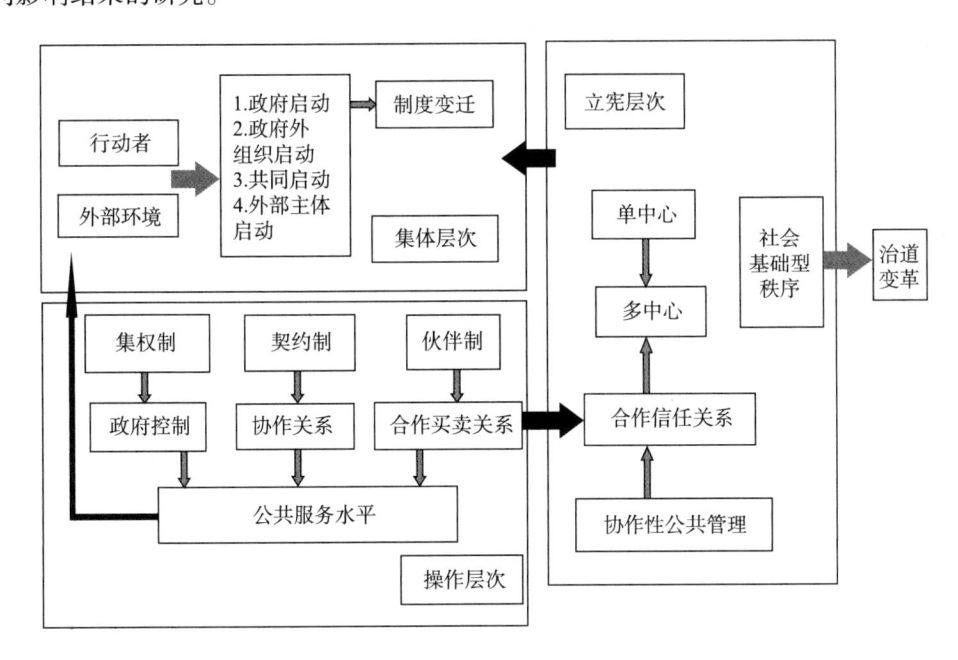

图 2　研究内容概括

第二个层次为集体选择层析分析，主要分析制度变迁，对中国公共服务提供体制发展进行分析。主要回答为什么中国公共服务提供体制会不断地发生变迁，在这个层次里面，不同时期的公共服务提供体制是因变量，而影响发展变化的因素便是自变量。同时这种制度变迁的启动也分为政府启动的制度变迁、政府以外组织启动的制度变迁、两者共同启动的制度变迁以及外部主体启动的制度变迁。

第三个层次是立宪选择层次分析，指出两者关系的决策规则。主要研究若想使环境公共服务绩效得到提高，我们需要什么样的公共服务提供体制。这个层次中公共服务水平提高是自变量，而公共服务提供体制又是因变量。主要是多主体组织合作信任关系选择的研究。在社会基础型秩序下，由政府单中心向多中心秩序转变，合作信任关系是符合多中心秩序的，但是由于中国实际情况，政府与其他组织难以符合"少有上下级行政关系"的多中心秩序性质。所以应以协作性公共管理作为理论基础，建立符合中国实际情况的合作信任关系。

同时，这三个层次也是相互影响和相互套嵌的。在奥斯特罗姆构架的 IAD 分析框架中，认为制度变迁的过程是渐进和连续的。自然或者物质条件、共同体属性以及应用规则一起作用于行动舞台，其中包括行动情景以及行动者，使他们相互作用，最后产生结果，同时结果还用来评估并且反作用于前者。也就是说，在操作层次中所产生的结果还需要作用于制度变迁中，进一步影响下一步制度变迁的开始。

在最后，本文需要上升到治道变革上去。治道就是政府如何进行政府管理，如何提供公共服务，解决基本问题的基本道理。治道变革是传统治道向现代治道的转变。同时本文也为治道变革"抛砖引玉"的一种管理方式。

四、协作性公共管理

协作性公共管理是解决单个组织难以解决的问题，以及难以有效提供服务时需要多个组织进行协作从而更好地完成任务的一种管理方式。协作性公共管理需要多个组织在信息、资源等方面的共享与整合。协作性公共管理的形成背景主要有以下两个方面：一是社会中纷杂问题的涌现；二是组织碎片化等问题。协作性公共管理是建立在组织交换理论、资源依赖理论和交易成本理论之上的，主张各种管理主体，包括政府、非营利组织、私人组织与政府内部各层级组织有效合作，做好资源配置，以提供有力的公共服务。

在协作性公共管理的研究中，目前国内外还是以政府间协作、政府内部协作和政府外部协作为主。如表 1 所示：

表 1 协作性公共管理的研究框架

政府间协作	纵向不同层级政府间协作	中央与地方合作提供区域公共服务
	横向不同行政管辖区间协作	跨地区协作，如泛珠三角、长三角和京津冀区域合作
政府内部协作	同层级政府内部不同部门间协作	部门间联合领导小组、部际联合会议
	同一部门内部不同机构间协作	机构间联合项目团队
政府外部协作	政府与私人组织	公共服务民营化、市场化提供
	政府与非营利组织	合作提供教育资源等
	政府与公众合作	基础社区治理中的公众参与等

协作性公共管理与新公共管理的不同在于协作性公共管理是新公共管理的新方向。协作性公共管理更加强调政府与私人组织和非营利组织的互动，而不是单向的

政府合同外包。与协助治理也不同，因为协助治理中，政府机构逐渐失去核心地位，逐渐成为网络中相互依赖的一方，但在协作性公共管理中政府还是处于核心地位。这与中国实际国情体制一致，所以使用协助性公共管理是十分合适的。

罗珉、何长见在研究企业组织间关系时认为"一个标准的组织间合作网络是由焦点企业或'旗舰企业'与单个模块化企业构成的一个系统"[5]。这种思想与协助性公共管理理论不谋而合。也就是说政府就是"焦点企业"，其与其他模块化的企业构成一个整体，共同形成一个标准的组织间合作网络。在这个合作网络中，政府处于中心位置，靠自身的吸引力维护与政府外组织的关系。

根据协作性公共管理以及实际情况，图3为协作性公共管理中政府与政府外组织的模型。

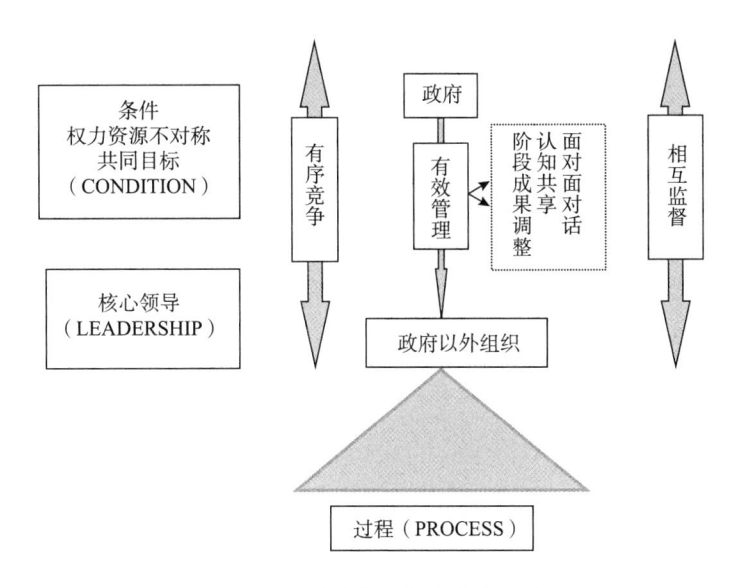

图3 政府与政府外组织合作信任关系

所以，以协作性公共管理作为理论基础，构建政府与政府外组织的合作信任关系，是以实际情况为基础的。其次，有利于公共服务的提供。这种合作信任关系的条件首先是权力资源的不平等，这是符合政府与政府以外组织实际情况的。其次，两者需要有共同的目标，就是对于公共服务的提供。最后，需要有核心领导，对一系列关系构建进行指导，这是协作性公共管理的核心，合作信任的构建过程包括了有序竞争、包容合作、有效管理和相互监督。同时，在政府有效管理中，还是要体现协作性公共管理的中心机制，也就是政府要加强与政府以外组织之间的面对面对话、认知共享以及阶段成果调整等重要的机制建立。

参考文献：

[1] 唐铁汉，李军鹏. 公共服务的理论演变与发展过程［J］. 新视野，2005（6）.

[2] ［美］约瑟夫·斯蒂格利茨. 经济学［M］. 姚开建，译. 北京：中国人民大学出版社，1997.

[3] 孙晓莉. 公共服务论析［J］. 新视角，2007（1）.

[4] 杨宏山. 公共服务供给与政府角色定位［J］. 中州学刊，2009（4）.

[5] 罗珉，何长见. 组织间关系：界面规划与治理机制［J］. 中国工业经济，2006（5）.

城市社区公共文化服务供给机制创新：多中心治理的视域

高一博　马孝勇[*]

（长安大学　政治与行政学院，陕西西安　710064）

摘　要：公共文化服务创新是未来提供公共文化服务效能的一个重要主题，其实现的关键就在社区。近年来，国家高度重视基层公共文化服务建设，在"十三五"规划建议中提出了"公共文化服务体系基本建成"的目标，并配套出台了《关于着力推进基层综合性文化服务中心建设的指导意见》，着力推进基层公共文化服务体系建设。结合"多中心治理"理论的要求和理念，社区公共文化服务供给机制可在需求表达机制、服务购买机制、志愿供给机制和综合管理机制方面进行复合型供给创新。

关键词：公共文化服务；城市社区；多中心治理；供给机制

公共文化服务是指从社会公益性出发，由政府部门主导，第三部门、公民等社会组织和个人广泛参与的，为满足公民基本文化权益和文化需求，提供公共文化产品和服务活动的总称。关于公共文化服务的制度与内容共同构成了公共文化服务体系。公共文化服务的主要实现内容包括公共文化服务基础设施、资源、人才、产品、技术、资金、政策等，其最终目的都是以群众为公共文化的目标受益者。公共文化服务内容存在共享性、多样性、服务性，也正是这些特征确立了政府在公共文化服务体系中的主导地位。基层公共文化服务体系的主要阵地在城市社区和农村，"是公共文化服务的重点和薄弱环节"[1]。近年来，随着我国经济的迅速发展，人员的大幅度流动，以户籍地区分为视角的城乡公共文化服务界限趋于模糊。在我国城镇

---

[*] 作者简介：高一博（1992—），男，陕西白水人，长安大学政治与行政学院硕士研究生，主要从事文化产业经济政策研究；马孝勇，男，长安大学政治与行政学院研究生。

化的进程中，城市社区公共文化生活内容被借鉴应用到农村，因而城市社区公共文化服务是基层公共文化服务发展的有效载体，有着至关重要的作用。

一、供给机制创新是公共文化服务创新的核心环节

公共文化服务的内涵结构为公共文化服务的组织支撑体系和供给体系，两个细分体系明确了政府在公共文化服务中的主导地位，其负责公共文化服务的生产与应用职能实现，掌控"生产——管理——投放"的各项环节。在这样的体系运转中，公共物品的公共性与市场的逐利性容易产生矛盾冲突，在政府"独大"的公共文化服务管理职能中，一元供给模式易导致工作效率低、产品效用较差、政治腐败等问题。解决这一问题的方法在于公共文化服务的创新，核心在于其供给机制环节的创新。

公共产品属性是公共文化产品效用实现的根本要求。在萨廖尔森提出的公共产品概念中，点明了公共产品的非竞争性和非排他性。原因是公共产品的最终目的是满足群众共同的文化权益，这也是公共产品属性在公共文化服务中的根本体现。作为一种民生范畴，公共文化服务效用产生所需的资金承担者多为政府，而受益者是群众，与此同时，带动了企业、第三部门等社区力量及个人的价值实现。在这多个角色的文化治理中，只有充分保障公共文化服务的公共产品属性，才能实现公共文化服务效用目标，实现社会和谐、政治稳定、经济发展、文化繁荣等多方面目的。

由于公共文化服务对经济、政治、文化、社会的重要作用，我国一直重视公共文化服务的发展。在国家层面上，党中央、国务院等都出台了相应的方针政策、法律法规。在"十三五"规划建议中提出"公共文化服务体系基本建成，文化产业成为国民经济支柱性产业，中华文化影响持续扩大"，而在"十二五"规划建议中只有"文化事业和文化产业加快发展"与"推动文化产业成为国民经济支柱性产业"。同时，需要注意到"十三五"规划建议中并没有刻意强调"文化事业"与"文化产业"的界限区分，这可以理解为在未来，文化产业中的企业也许会有更多的机会与可能参与到文化事业中，参与扮演形式包括公共文化服务或产品的提供商、策划方、执行方等角色。针对这些变化，国家出台了相应的政策支持。2015年10月国务院办公厅印发了《关于推进基层综合性文化服务中心建设的指导意见》（以下简称《意见》），《意见》指明了在现有的基层文化设施和服务中存在"总量不足，布局不合理；面向基层的优秀公共文化产品供给不足；缺少统筹协调与统一规划"三方面的突出问题，除"总量不足，布局不合理"[2]需要重点加强西部地区和老少边穷

地区的公共文化服务设施建设外，后两方面问题的解决亟需在公共文化服务供给机制上进行创新。

供给机制创新关涉到政府文化职能的转变，更为实质的是关涉到政府、市场、社会的互动问题。公共服务市场化理论指出，政府在公共服务供给中应引入竞争机制，调动包括企业、第三部门等社会资源参与公共服务的供给，打破政府官僚组织提供公共服务的垄断地位，实现政府以较少的资源与较低的成本提供数量更多、质量更高的公共服务目的。[3]政府在公共文化服务体系中的中心地位不再是唯一的，在公共文化服务供给中的职责定位也应由"划桨"转变为"掌舵"，如此打破传统观念中的"单中心治理"思维，转变为"为了实现与增进公共利益，政府部门与非政府部门（私营部门、第三部门或公民个人）等众多公共行动主体彼此合作，在相互依存的环境中分享公共权力，共同管理公共事务的过程"[4]的"多中心治理"的视域。在"多中心治理"的视域下，要求达到公众选择的多元化，同时满足利益主体间的共赢，避免出现"单中心治理"下的"政府失败"或"市场失灵"等现象。具体到公共文化服务体系中，"多中心治理"要求服务主体具有复合性，包括政府、企业、第三部门、公民个人、自治组织等，建设网络型治理结构，各中心主体之间相互交流，以"合作—竞争—合作"的方式，多元参与、协助、协调的循环发展，实现公共利益的最大化，即达到公共文化服务的"帕累托最优"。目前，我国的基层公共文化服务体系大都处于创新初期，欲以当下经济发展的特点与建设"服务型"、"有限责任型"政府的职能变革为契机，转变政府在治理模式中的职能定位，既解决传统垄断性供给中的问题，又缓解政府的财政压力。政府的职能改革都是稳步推进的，在基层公共文化服务供给机制创新上，亦是先从社区公共文化服务供给机制上寻找突破口。

二、社区是基层公共文化服务供给机制创新的有效载体

改革开放以来，我国公共文化服务取得了极大的提升与突破，基层公共文化服务的设施条件、文化内容、政策支持力度都有着明显改善与提高。与此同时，随着我国经济、政治、社会环境的不断变化，基层群众的精神文化需求呈现出多层次、多元化的特点。[5]为了适应时代发展，解决基层公共文化服务中存在的问题，基于社区的天然优势，基层公共文化服务创新需以社区公共文化服务供给机制创新为关键，探索其作为基层公共文化服务机制创新有效载体的合理性，明确社区作为公共文化服务效能实现中的"依托"角色。

(一) 社区的天然优势

社区是消费者需求的第一反馈单位。德国社会学家 F. 滕尼斯首先使用"社区"这一名词,将其定义为"由具有共同的习俗和价值观念的同质人口组成的,关系密切的社会团体或共同体"[6],指出了其由人群、地域、服务设施和成员认同感构成的特点。《民政部关于在全国推进城市社区建设的意见》将"社区"定义为"聚居在一定区域里的人们所组成的生活共同体"。[7]在我国现行的政治区域划分中并没有社区一级,居民委员会、村民委员会等均属于社区范围内的基层群众性自治组织,两者的定义维度不同。社区作为对人群聚集的物理与心理范畴上划分的统一体,其表现出的特征与符号信息等,具有该群体的普遍代表意义。换句话说,社区能够反映生活在该集体中的群众对公共产品的共同需求,作为公共文化产品的消费者,同样具有这一群体性特征。社区就是他们反馈对公共文化服务的需求与满意度的表达渠道,是基层公共文化服务效用实现的第一单位,存在着多个保障效用实现的优势。

首先,社区是基层公共文化服务的基本单位。社区在地域上,包括了城市社区和农村社区。相比村民委员会、居民委员会等基层群众性自治组织,社区更具有集群代表性,在价值趋同与精神文化需求上有着"代表性"优势。社区公共文化服务的对象也许是一个行政区域,也有可能是多个具有相同文化需求的行政区域,这并不影响基层公共文化服务效用的实现,反而在一定程度上减轻了地域划分导致的重复建设与管理对政府的财政、管理成本产生的压力。其次,社区推进公共文化服务标准化的实现。公共文化服务标准的制定来源于消费者满意度的反馈,包括了对供给需求、供给质量、供给管理的反馈。消费者的反馈影响着公共文化服务与产品的提供内容、提供数量、提供方式的选择与改善。在"多中心治理"的视域下,政府在规避了以往垄断所造成的工作效率差、难以兼顾投入与效用反馈的问题后,只需使宏观上的反馈渠道通畅即可。社区作为消费单位,代表公共文化服务消费者的喜好,在由政府统一管理,由政府、企业、第三部门、公民个人提供的基层公共文化服务产品中,选择社区所需的公共文化服务内容,在实现公共文化服务效用后进行满意度反馈,调整供应方的生产,逐步形成公共文化服务标准。这大大提高了政府部门在基层公共文化服务体系建设中的效率。最后,社区的社会化特性最为直接。集群中的公民个人既影响着集群社会性的变化,也被集群的社会性所影响。相比于行政区域基于地理的划分,社区的集群划分是基于群体的共同价值观念及习俗等潜移默化的精神内容。在此基础上的划分,使得社区社会化的特性尤为突出。社会化直接决定了基层公共文化服务中,社区作为基本单位的事实以及其公共文化服务标准化源头的事实。以上三方面的社区的天然优势，共同决定了基层公共文化服务供给机制创新的关键在社区。

（二）公共文化服务的效能实现依托于社区

基层公共文化服务供给机制创新的目的是公共文化服务效能的再提升。而在提升过程中，其主要内容是基层公共文化服务供给机制中由"单中心治理"向"多中心治理"的转变[8]，实现这一转变的效能区域便是社区，即公共文化服务的效能实现依托于社区。整体来看，我国大部分社区公共文化服务均初步形成了以"责任供给、商业供给和志愿供给"为内容的政府、企业、第三部门、社区、居民多元协作的格局，达到了社区公共文化服务硬件基础设施和活动的同步发展。社区公共文化服务供给机制的具体特征如下：

一方面，政府主导下多元供给主体并存发展。供给主体可划分为责任供给主体、商业供给主体和志愿供给主体三大类。政府作为责任供给主体，其有责任免费地提供公众所需的各种公共物品，以维持社会的正常秩序。营利性企业作为商业供给主体，主要内容包含参与社区公共文化服务基础设施的建设、提供文化演出和培训教育、提供社区电影放映服务、参与数字社区建设。居委会主要表现在社区公共文化服务基础设施建设、文化志愿团队的组织和管理和具体文化活动的开展之中。社区作为"一个相对独立的社会自治领域"[2]和具有成员归属感的社会实体，在社区公共文化服务中发挥着纽带和平台的作用。

另一方面，单向供给下多元供给渠道融合发展。目前，社区公共文化服务供给基本上还是单向度的被动式供给，居民亦是被动式接受。在一定程度上，导致了"供不适需"的矛盾，造成公共文化资源的浪费。在单向度的供给下，社区公共文化服务供给在方式上逐步实现了多元供给渠道的融合，主要包括职能供给、商业供给、志愿供给三种。职能供给是基于政府的公共职能，直接或间接地参与社区公共文化服务基础设施建设和公共文化服务活动的组织；商业供给指公司基于赢利的目的，通过承接政府的公共文化服务外包项目来参与社区公共文化服务的供给，主要包括参与社区公共文化服务硬件建设和参与社区公共文化活动的外包组织两种；志愿供给是指供给主体以个体自愿为基础，参与社区的公共文化服务供给。[9]由于志愿供给在经费、权力和组织上的缺陷，一般呈现层次性较低、规模较小的状态。

综上所述，社区作为公共文化服务效能实现的依托，已呈现出了供给机制中的"多中心治理"趋势，在现有的初期创新时期，尽管出现了政府主导下多元供给主体并存发展和供给渠道的融合发展。但是,仍存在"多元供给"下的政府供给独大、社会力量参与不足、政府参与内容涵盖广泛等问题,导致公共文化服务管理手段单一、供给效率与质量降低,进一步导致供给总量不足,均等化程度较低;在单向化的供给渠道中,由于政府服务意识不强、社区公共文化服务发展程度不高等原因,导致群众的需求表达不畅,群众的文化权益意识不足;由于缺乏专门的管理部门、政府层面缺乏专门的宏观管理部门、社会层面缺乏专业的微观管理部门,导致供给"多中心治理"下资源整合力度不够。

在公共文化效能实现的社区范畴内,城市社区作为社区公共文化服务供给机制的有效载体,基于上述基层公共文化服务供给机制的现状与不足,对其进行的创新研究对整个社区公共文化服务供给机制的创新具有借鉴、推广意义。

三、城市社区公共文化服务供给机制创新的多维路径

在结合社区公共文化服务发展的未来趋向,基于"多中心治理"理论的要求和理念,汲取现存问题的经验,在创新城市社区公共文化服务供给机制的宏观思路上,构建出包含需求表达机制、服务购买机制、志愿供给机制和综合管理机制在内的城市社区公共文化服务供给的复合机制,并就其四个子机制分别提出创新性的构建路径(见图1)。

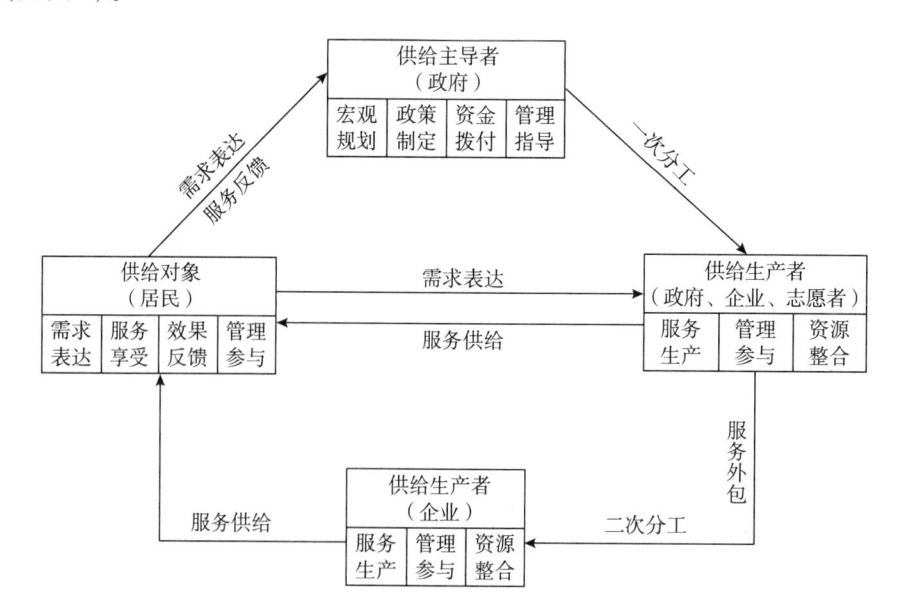

图1 城市社区公共文化服务供给的创新机制

城市社区公共文化服务供给的复合机制以政府为主导，实现了集群居民为核心的多元复合循环。首先，实现了供给多元参与的合理分工，该机制中居民个人、政府、志愿组织、第三部门等城市社区公共文化服务供给的参与者，在供给的生产、管理等各个环节都实现了参与的协作与配合，分工明确，并发挥各自的优势；其次，以居民的公共文化需求表达和聚合为前提，实现"菜单式"供给，最终实现供给与需求的有效对接；再次，根据经济、社会等各方面的发展状况，目前我国城市社区公共文化服务供给还难以实现社会或市场主导，还必须以政府为主导，资金来源也以政府的财政拨款为主，这样就必须实现政府职能在社区公共文化服务供给中的全面优化，从具体的供给生产中摆脱出来，进行宏观管理，并且实现财政拨款下的社区公共文化服务购买；最后，鼓励志愿参与，从完善政策保障、疏通参与途径、强化参与管理等方面鼓励社区公共文化服务供给的志愿参与，逐步实现社区公共文化建设全民参与，文化成果全民共享。

（一）以社区居民为核心的需求表达机制

构建以集群居民为核心、以社区为纽带的集群居民公共文化服务的需求表达机制，是构建社区公共文化服务供给机制的首要前提和关键内容。需求表达机制是城市社区公共文化服务供给整体机制的基本构成，也是维护居民文化权益的重要手段，多路径的需求表达手段是需求表达机制的关键构成，需求的传达机制则是需求整合的重要途径。具体包括，强化文化服务和文化权益意识、完善社区内部需求表达途径、畅通居民需求外部传递渠道。

在这种需求表达机制中，集群居民可以通过借助互联网、电信、社交平台等现代信息渠道向社区公共文化服务的宏观规划主体、生产主体和志愿主体中最接近居民实际公共文化服务需求的社区等进行直接的需求表达，也可以通过传统的口头传递、书信、问卷等形式进行需求表达。在接受到居民的文化需求后，政府、社区、企业及其他社区公共文化服务供给参与主体之间进行居民公共文化服务需求的传递，并在政府的主导下，进行供给的两次分工，从而按需进行社区公共文化服务供给，实现公共文化的"菜单式"供给。

（二）以政府主导为基础的服务购买机制

政府作为城市社区公共文化服务中的关键和核心供给主体，由其主导下的公共文化服务购买是保证社区公共文化服务宏观方向和基本内容的重要手段。公共文化服务的购买是以政府为主体的社区公共文化供给的重要方式，而且也是企业参与社区公共文化服务建设、提升公共文化服务供给效率和质量的关键举措。[10]具体包括，推动公共文化服务购买的资金投入、丰富公共文化服务购买的形态样式、建构公共文化服务购买的反馈机制等内容。

在社区公共文化服务政府购买机制中，政府基于社会公共利益和公仆人的职责担当，根据集群居民通过公共文化需求表达机制传达出来的公共文化需求，通过财政保障，利用外包、特许经营、委托代理等方式公开进行社区公共文化服务的生产购买，而企业或第三方组织等则可以利用其专业化的生产技术和管理，面向社区居民生产、提供文化产品。此外，社区居民通过公共文化服务的切实体验和享受，通过专门的途径对生产者提供的公共文化服务向政府进行评价和效果反馈，并由政府根据居民的反馈情况，依据购买合同，对生产者履行相应的经济承诺，从而形成完整的社区公共文化服务供给的购买机制。

（三）以志愿参与为驱动的志愿供给机制

构建合理的城市社区公共文化服务供给的志愿参与机制，是保障和实现志愿供给持续发展的关键，对于整个社区公共文化服务供给机制的构建也十分重要。志愿参与下的志愿供给是发展"多元化供给"的重要推动力量，是提升供给数量和质量的关键途径，也是展现公共文化服务社会公益属性、实现"社会共办，社会共享"的关键，具体包括完善志愿供给政策体系、规范志愿参与日常行为、实行志愿参与等级评价等措施。

在社区公共文化服务志愿供给机制中，志愿供给主体出于公益人动机，在政府的政策激励、宏观引导和管理下，利用社会资本进行社区公共文化服务的公益性生产，并将其直接提供给社区居民，且接受社区居民的反馈意见和效果，以进行生产和供给的完善和优化。其中，政府的政策激励是志愿供给的关键驱动，包括准入激励、融资政策激励等，也是实现志愿供给长效发展的关键；政府的宏观管理和指导是规范志愿供给秩序，进行供给行为监管的主要方式；居民效果的反馈是志愿供给优化并实现供给高效和可持续发展的关键环节。

（四）以合理分工为前提的综合管理机制

科学高效的综合管理是保障城市社区公共文化服务供给机制顺利运转的基础保障。目前，在我国大部分城市社区公共文化服务的供给管理上，还是以政府的分散管理为主，一方面，在缺乏专门管理机构的情况下，多头管理现象严重；另一方面，政府缺乏社区公共文化服务供给的专业管理技术，制约了社区公共文化服务水平的发展提升。构建由政府部门、专业管理组织、居民个人、社区组织共同参与的，各用所长的综合性管理机制，是进行城市社区公共文化服务供给管理和供给资源整合的关键所在。

考虑到这些现实因素，我们将城市社区公共文化服务供给的综合管理机制设计为以下三大部分：一是专门的宏观管理机构，即由政府部门牵头成立专门的社区公共文化服务管理机构，进行包括社区公共文化服务政策制定、宏观指导、监督管理、资金管理等在内的宏观管理，原则上不参与具体的管理事务；二是由第三部门或企业为主导的以专业技术为内容的微观管理组织，专门负责包括居民需求收集管理、多主体的供给参与管理、服务供给的质量管理和考评管理以及公共文化服务基础设施和文化活动管理等；三是以社区居民为主要力量的志愿管理，主要是社区居民对第三部门或企业的社区公共文化服务供给管理活动进行监督，此外根据具体情况也可参与到其他社区公共文化服务管理的具体事务中，从而形成相互配合和监督的三方参与机制，并各自发挥自己的专长，实现管理上的优化。具体从建立政府主导下的宏观管理机构、培育第三部门支撑下的微观管理组织、发展居民广泛参与的民间监督团体对其进行创新性构建。

参考文献：

[1] 巫志南. 社区公共文化服务 [M]. 北京：北京师范大学出版社，2012.

[2] 国务院办公厅关于推进基层综合性文化服务中心建设的指导意见 [EB/OL]. [2015-10-20]. http://www.gov.cn/zhengce/content/2015-10/20/content_10250.htm.

[3] Samuelson P. The Pure Theory of Public Expenditure [J]. Review of Economics and Statistics，1954.

[4] 段静，潘信林. 城市社区公共文化服务多元化供给模式研究 [J]. 今日湖北旬刊，2015.

[5] 于水. 多中心治理与现实应用 [J]. 江海学刊，2005 (5).

[6] 刘峰，孔新峰. 多中心治理理论的启迪与警示——埃莉诺·奥斯特罗姆获诺贝尔经济学奖的政治学思考 [J]. 行政管理改革，2010 (1).

[7] 吴瑞财. 多中心治理视野下的社区治理模式初探 [J]. 内蒙古社会科学（汉文版），2010.

[8] 陈振明. 公共管理学 [M]. 北京：中国人民大学出版社，2010.

[9] 刘湘云，王玉明. 构建农村公共文化服务的复合供给模式 [J]. 新疆社科论坛，2011.

[10] 刘吉发，吴绒，金栋昌. 公共文化服务供给的企业路径：治理的视域 [J]. 技术与创新管理，2013 (5).

[11] 胡税根，李倩. 我国公共文化服务政策发展研究 [J]. 华中师范大学学报（人文社会科学版），2015 (3).

[12]《民政部关于在全国推进城市社区建设的意见》[EB/OL]. http://www.cctv.com/news/china/20001212/366.html. 2000-12-12.

[13] 国务院办公厅转发文化部等部门关于做好政府向社会力量购买公共文化服务工作意见的通知[EB/OL]. http://www.gov.cn/zhengce/content/2015-05/11/content_9723.htm. 2015-05-01.

[14] 十七届六中全会《决定》解读：为什么要创新公共文化服务设施运行机制[EB/OL]. [2012-01-09]. http://www.news.xinhuanet.com/politics/111398171.htm.

[15] [美] 珍妮·V. 登哈特, 罗伯特·B. 登哈特. 新公共服务：服务而不是掌舵人[M]. 北京：中国人民大学出版社, 2004.

[16] [美] 迈克尔·麦金尼. 多中心体制与地方公共经济[M]. 毛寿龙, 等, 译. 上海：三联书店, 2000.

[17] 刘吉发, 金栋昌, 陈怀平. 文化管理学导论[M]. 北京：中国人民大学出版社, 2013.

[18] 孙蓓莉. 城市社区公共文化服务体系研究——以上海市M区为例[D]. 上海：上海交通大学, 2013.

专题二　政企关系改革

以企业管理模式为借鉴进行政府管理模式的改革

宋衍涛*

(对外经济贸易大学 公共管理学院,北京 100029)

摘 要:改革开放以来,我国的经济建设得到迅猛发展,人民生活水平稳步提高,政府管理制度创新也取得较好的改革成果。然而,随着世界经济一体化程度的不断加深,物联网以及智慧城市理念逐渐发达,广义虚拟经济时代逐步渗透大众的生产生活,我国政府管理模式的不足和弊端逐步显现,因此必须找到一种行之有效的改革方法才能确保我国政治经济健康稳定发展。通过研究分析发现,很多目前在企业中起到良好作用的管理模式与管理方法都可以给政府管理模式改革提供有益的借鉴,如人力资源管理制度、战略管理制度以及消费者导向理念等。本文将参考目前一些企业管理模式改革的成功之处探讨我国政府管理模式改革未来发展方向。

关键词:政府管理模式;企业管理模式;改革;广义虚拟经济时代

随着改革开放政策的深入实行,市场经济模式的不断拓展,我国经济、政治、文化等各方面在近几十年来得到了全面的飞跃式发展,我国的国际地位也得到了稳步提高,人民生活水平得到质的飞跃。然而近年来国内外发生的一些变化,对我国政府管理改革提出了新的要求。一方面,灾难多发,国际国内形势复杂,在国内,地震、泥石流、暴雨暴雪等灾难频发;国际上,领土争端、国人安全问题日益显现。另一方面,经济发展形式的更新对我国政府管理模式提出了新的要求,物联网系统以及智慧城市技术的日渐发达,尤其是虚拟经济时代的到来,催生了很多新兴经济形式,亟需政府的有效管理与引导。这就要求我国政府要有灵活的应变能力以及强

---

* 作者简介:宋衍涛(1969—),男,吉林德惠人,对外经济贸易大学公共管理学院行政管理系主任、冲突与应急管理研究中心主任、教授、博士,从事广义虚拟经济研究。

有力的管理措施，为了达成这一目标，我国政府应紧跟时代潮流，审时度势，改革政府管理模式，革除目前我国政府管理模式存在的弊端，找到指引我国未来发展道路的正确方向。社会中的各类企业已经在市场中存续了上百年，其管理模式及管理理念日趋成熟，有其独特的优越性，笔者认为我国政府可以针对自身问题有选择性地借鉴企业管理模式的成功经验。

一、目前我国政府管理模式存在的弊端

政府管理模式是政府为了管理而形成的与社会的互动机制，是由政府管理理念、管理体制、管理方法等构成的一个运作模式。在新的时代背景下，我国现行的政府管理模式主要存在以下弊端：

（一）政府单独治理模式引起政府规模膨胀

新中国成立初期，由于我国面临着严峻的被资本主义包围的国际形势、国内生产力严重不足、经济亟待复苏以及社会主义建设经验不足等现实情况，我国从一开始便形成了强政府、全能政府的单独政府治理模式。政府在政治、经济、文化甚至思想等各个方面都具有绝对的优势地位、绝对的领导权。这样的单独治理模式在新中国成立之初确实对我国恢复经济建设、迅速提高国力起到了很好的作用；但是，在我国经济高速发展、公民民主意识增强的今天却不可避免地带来一些问题，如政府职能过多、权力过大，导致机构臃肿，政府规模无效率膨胀，形成"精简—膨胀—再精简—再膨胀"的不良循环模式，[2] 各级政府间缺乏有效分工，造成政府不可治理性增加、浪费大量财力物力、降低行政效率等后果；政府管得过多过全，也存在另一个缺陷，即非政府组织发展滞后，抑制公民参与政治的积极性。中央已明确提出构建"党委领导、政府负责、社会协同、公众参与"的社会管理格局，从理论上来看社会管理主体应逐步走向多元化已是学界共识。然而，在实践中许多地方政府阳奉阴违，存在抵触社会管理主体多元化的心理和行为，社会管理工作实际上由政府包揽，强调政府全面操控、排斥多方参与的行为比比皆是，公众对于社会管理的参与权与发言权严重受限，人民的利益诉求缺乏有效沟通途径，导致政府提供的公共产品和服务与社会大众的需求不一致，严重阻碍了社会管理主体多元化的进程。[3] 这在强调民主、社会自治的今天无疑严重制约了我国的制度创新。

（二）政企不分、国有经济无效率扩张，阻碍民族私企成长

这是我国政府单独治理模式在经济上参与过多的遗留问题。国有企业占有大量

的国家资源,享受在市场上的一些优势甚至垄断地位,政企不分,国企采用政府式的管理模式等,这一方面使国有企业资产不断增长,普通民族私企很难与其竞争,对形成完善的市场竞争机制十分不利;另一方面也使国企面临体制僵化、创新性低、生存意识不强等弊端。在当今,物联网新技术有着得天独厚的优势,它一方面可以提高经济效益,大大节约成本;另一方面可以为全球经济的复苏提供技术动力。而国企管理缺乏创新动力,不能紧跟时代潮流,与其他企业相比对很多高科技应用不够,这在无意之中造成了资源浪费和效率低下等问题。如今我国已经意识到政企不分的严重后果,开始着手对国企进行改革,也取得了初步成效,但要真正使国企运营步入正轨、成功转型,还需要我国政府持续不断的探索和努力。

(三) 官僚主义思想影响严重,寻租腐败滋生,公务员考核制度不够完善

众所周知,我国是有着五千年封建制度文化的历史文明古国,封建传统沿袭下来的官本位思想难免会有所存留,即使在改革开放的今天也不能避免。我国目前实行的公务员制度存在较多缺陷,公务员论资排辈、只上不下的现象使公务人员丧失创新和竞争意识,抱着"铁饭碗"混日子;有些公务人员服务意识薄弱,以父母官自居,认为自己地位高人民群众一等。这样的现象导致政府寻租腐败滋生,政府人力资源管理缺乏活力,亟需完善公务员考核制度。

(四) 信息管理滞后,透明度不高

要想建成有权威、受人民信任、为人民服务的政府,就必须保证人民的知情权和参与权,建立起信息透明真实的阳光政府。经过多年的发展,我国政府对信息的披露制度已经取得了很大的进步,这在多方面都有所表现。2012年汶川地震期间我国政府密切关注救援情况,及时披露伤亡人数和财产损失程度,使关心灾区人民的群众可以及时得到消息,尽自己的能力进行救援,政府权威和形象得到有效提升。但是我们也要看到与国外、甚至我国港台地区相比,我国政府的信息披露程度和速度还远远不够,我国政府与一些主流媒体之间本应是被监督与监督的关系,然而现实中却更偏向于管理与被管理的关系,这就导致了一些媒体在进行新闻报道时报喜不报忧、信息披露不全面等现象,致使群众对主流媒体的信息可信度产生怀疑,影响政府在群众中的形象。面对这种情况,我国政府应该做的是,实行更加民主透明的信息披露制度,在有效管理的前提下,允许媒体言论自由,不避讳国内敏感问题,充分利用媒体发布权威信息,与人民保持密切的鱼水联系。

林左鸣在《广义虚拟经济——二元价值容介态的经济》第11页中提到"一定的时代拥有这个时代的主流经济学,并依此进行经济制度的设计,人们则循着其所描述的基本原理及其所构建的范畴开展社会经济活动……"。在当今社会,与实体经济相对应的虚拟经济崛起,根据林左鸣教授的观点,虚拟经济如同一匹黑马,正以强劲的势头影响着当今世界的经济生活。[4] 由此可见,我们已经逐步迈进了一个崭新的时代——广义虚拟经济时代,广义虚拟经济学也逐渐得到诸多专家学者的重视,而当经济活动发生变化时,政府的经济制度建设、管理模式也需要随广义虚拟经济时代的来临而调整,这样才可以紧随时代的脉搏,使中华民族不仅可以屹立于世界民族之林,并且可以脱颖而出。

二、政府参考企业进行管理模式改革的依据

新公共管理理论中包含政府应用企业管理的一些方法和技术,如将公众视为自己的顾客,将公众的需求视为自己生存的基础,注重受众的需求,以人民群众的利益为自身工作的出发点和立足点等理论观点[5]。我们在实践中,可以参考新公共管理理论的基本观点,推进政府管理模式创新。政府可以借鉴企业所实行的有效管理模式和方法技术来提高政府办事效率,规范政府管理模式,这将有利于政府社会管理活动的有序推进,建立具有创新精神、以民为本的新型服务型政府。

在市场经济环境下,政府与企业之间有着休戚与共的关系,企业是市场经济的主要参与者,政府是市场经济有效健康运转的守护人,同时政府也在通过一些国有企事业单位参与市场的竞争活动。市场的繁荣稳定离不开政府强有力的管理措施,政府政策和计划的有效实行也离不开企业带给国家的财力支持。政府和企业都各自存在运营所需的基本结构体系,都有为了实现各自目标而设定的规章制度,在一定程度上,政府与企业的运转模式有着很多相通之处。

(一) 企业和政府的主要功能都是提供产品或服务

每个组织在建立之初都有其成立的目的和其想要在社会经济生活中起到的作用,企业如此,政府也不例外。除去一些以公益事业为自己主要运营目的的企业外,绝大多数企业最主要的目标就是获取利润,希望通过自己生产的产品或服务获得经济效益,这些企业会根据所从事行业的不同,通过生产不同性质、不同质量的产品或服务来达到自己获利的最终目的,如方便食品、日化用品等快速消费品行业通过生产与众不同、质量出众或价格低廉的日常消费品来获取市场份额,争取社会地位;

服务行业，如旅游业、餐饮业等则力求通过提供给客户满意的产品、优质的服务来维系运营。因此可以知道，企业在社会生活中的最主要功能和作用就是为大众提供他们需要的并愿意为之消费的产品或服务。

国家成立的目的是为了巩固统治阶级政权、维系社会稳定和治安、管理社会日常活动等，为了达到以上目的，现代国家通常会通过建立政府来完成其管理职能。于是政府最主要的职能便是通过建立政府法规制度、设立职能部门、招聘公职人员来管理与人民切身利益相关的各类事物。而这些职能是通过何种方法实现的呢？笔者认为归根结底就是通过提供产品与服务。政府提供给我们的服务是显而易见的，我国政府向来是以为人民服务为自己的宗旨，政府公职人员在通过执行管制型职责、许可型职责等直接与人民面对面接触的任务时，实质上就是在为人民提供便民的管理服务，如办理护照、管理户籍、受理各类从业资格申请等。政府直接提供给人民产品的例子比较少，不过基于我国现存政策，很多时候政府和国企之间的分界不是特别清晰，国企所提供的一些垄断型产品，如石油、稀土资源等也可以看作政府间接提供给社会的产品。由此可见，政府和企业都有以提供产品或服务为主要功能的特点。

（二）组织结构具有相似性

每个组织成立以后为了顺利进行运营活动都会形成自己固定的组织结构，现存最主要的组织结构有直线型组织结构、职能型组织结构、直线——参谋型组织结构、分部制组织结构、委员会结构等，不同的组织根据自己的不同规模、不同类型选择最适合自己的结构。无论是政府还是企业都需要选择有助于组织有效率地完成自己使命的结构。我国政府部门目前在中央实行分部制结构，在地方以及部内主要实行直线型组织结构和职能型组织结构。而企业通常也是根据自身特点选择其中一种或多种组织形式作为自己主要的组织结构。由此可见，虽然政府与企业在性质和职能上有很大区别，但其总体组织结构是极具相似性的。这也表明一些在企业中运用自如的管理方法、管理模式是可以由政府部门借鉴学习的。

（三）行为受到群众和媒体的监督制约

无论是政府还是企业都离不开社会这个大环境，各个职能部门都直接或间接地与社会大众产生联系，其行为或多或少会影响人民的生活质量。尤其是食品行业，其食品的质量与安全将会严重影响人民的身体健康与安全程度，食品安全问题已经成为社会大众关注的焦点，在信息发达的现代社会，网络及媒体正在主动承担起监督制约企业行为的重要责任。一个企业若想长存于社会必须获得群众的支持和信任，自觉接受群众与媒体的监督，政府更是如此，政府的绝大部分政策法规直接关系到人民的切身利益，一国政府若想得到自己人民的支持，达到长治久安的目的，就应做到信息透明，执法严明，随时欢迎群众和媒体的监督，并主动弥补自己的不足。

（四）成败受外部因素影响大

一个组织所处的环境主要分为外部环境与内部环境，这些环境因素都会直接或间接地影响它的成败。斯蒂芬·P. 罗宾斯在《管理学》中将影响一个组织成败的外部环境做了如下分类，如图1所示：

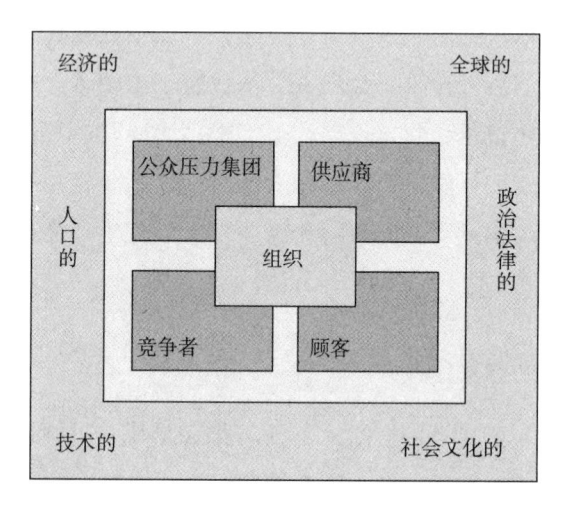

图1 组织环境

信息来源：参考自斯蒂芬·P. 罗宾斯《管理学》。

从图1中我们可以看出，影响组织成败的外部因素众多，组织必须处理好与各个利益相关者的关系才能为自己赢得一个良好的运营环境，同时组织所处的时代背景、国家政治经济状况也都会对组织产生其无法控制或预见的外部影响。无论是政府还是企业都逃离不了组织的这一特点。同时，一个企业总是时时刻刻受到利益相关者的制约或帮助，随着大的经济环境、社会状况而起伏；一个国家的政府运营状况，会受到自己国家人民的监督制约、外国政府的合作或对抗状态的影响，甚至会因为她所处的历史阶段而导致政府的成功或失败，巴黎公社的失败就是一个典型例子。虽然其失败很大程度上受到管理者自身管理经验不足、政策制定失败等因素的影响，但其主要原因在于她的政治理念超出当时社会认识水平，其上层建筑受到当时经济基础的制约以及国内外反对势力反对程度等因素的影响。

政府与企业最主要的不同之处在于除垄断企业外，我国大多数企业处于一相互竞争的市场之内,为了维持自己的市场地位和盈利状态而不断或主动或被动地调整自己的管理策略,而我国政府是坚持中国共产党领导的稳定格局。虽然如此,但随着近年来国际政治经济环境的日益复杂,使我国政府管理活动面临着新的课题和挑战。我们必须谨记"生于忧患,死于安乐",时刻保持党的先进性,切实使我国政府管理模式不断适应新的发展需求,融入全球化、国际化、跨越式发展的浪潮中去。

三、企业管理模式优势之处

近年来,国内企业为解决国际化及市场化带来的新挑战,多数在管理模式方面进行了卓有成效的改革,主要体现在以下几个方面:

(一) 引入战略管理方法

目前绝大多数现代企业都在自己的管理中引入了战略管理思想,战略管理是管理者为了制定组织战略而做的工作。它主要分为以下几个步骤,如图 2 所示:

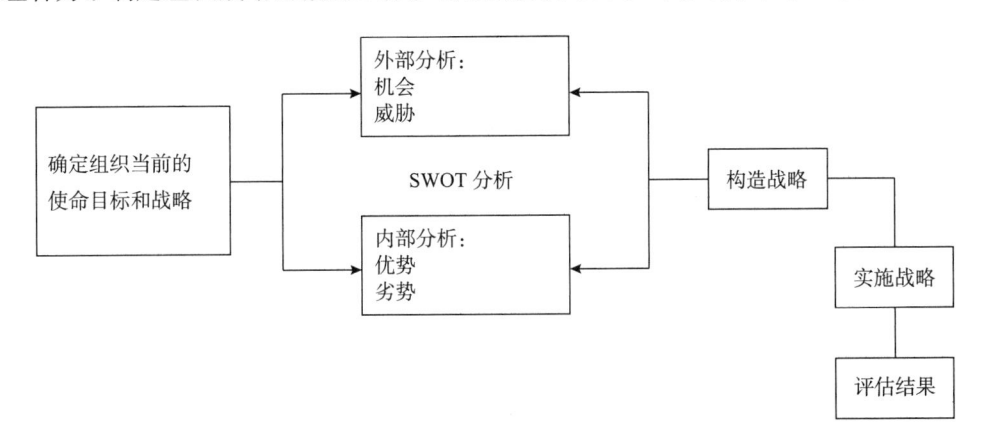

图 2 战略管理过程图解

信息来源:参考自斯蒂芬·P. 罗宾斯《管理学》。

战略管理具有其显著的优点:有效影响企业业绩,帮助企业有效应对变化着的外部环境,有效协调组织内部各部门工作,使各部门都把精力集中在组织目标的实现上等。[5] 2013 年,微软公司收购诺基亚公司手机及网络业务部的消息受到社会的广泛关注,世界顶级手机软件制造者与世界顶尖手机硬件制造商的强强联合就是企业实行战略管理的很好例子。微软公司和诺基亚公司通过正确的分析和调研,充分了解自己现有的优势和劣势,为自己的未来发展方向做出正确抉择,以期在未来赢得更好的市场地位。值得一提的是,在国外战略管理已经超出企业范围,进入政府、非营利组织等,并取得了很好的效果。这为我国政府管理中如何引入企业战略管理模式起到了很好的示范和引导作用。

(二) 实行现代人力资源管理制度

现代很多企业都实行员工持股制、管理者负责制等管理措施,以增强企业活力,鼓励全员参与公司治理。同时,企业为自己配备健全的人员选拔和培训机制,实行考核制,采取优胜劣汰原则,促使员工在不断完善发展自己的能力的过程中为企业发展做出更大的贡献。这样的现代人力资源管理制度,一方面,可以为企业选择适合的人才去做适宜的事,加强企业办事效率,增强企业创新能力;另一方面,可以鼓励人才发展,有助于个人能力的提高。这无疑为企业持续健康发展,提供了基本的人力资源保障。

(三) 转变企业目标

企业的目标从单纯追求自身经济利益,转变为在追求经济利益的同时优先满足消费者需求以及建立和发展自己的品牌。企业越来越趋于重视消费者个性需求,个性化、精细化产品分类成为主流。进入 21 世纪后,消费者的需求逐渐多样化,由追求基本生活物品的满足到崇尚个性化消费的转变,促使现代企业从消费者需求角度出发,将市场详细划分,采取量身定制、定向宣传等运营手段,以赢得消费者的青睐。与此同时,现代企业十分重视品牌的建立与维系。法国克里斯托夫·朗贝尔于 2008 年 12 月 10 日刊登在《费加罗报》的《东西方经济竞争,未来将是品牌战?》中指出:"在我们最宝贵的资产中,堪称王冠上珍品的是西方跨国公司拥有的国际知名品牌。在一种极度非物质化的经济中,无形资产占美国排名前 100 家大企业的资产总额的 68%。这个品牌更是占无形资产价值总额的 72%。因此,保护它们对于西方的未来至关重要。"[6] 由此看出,品牌对一个企业,甚至一个国家都有着至关重要的作用。企业管理者认识到这一点,并着力于设计自己有特色、差异化的产品,以充分利用品牌效应,提高自己的市场影响力。

企业通过积极改革自身管理模式,不断适应新的发展需求,可以使自己在激烈的市场竞争中脱颖而出,避免被挤压和淘汰的悲惨命运。这给我国政府管理模式的改革,例如向服务型政府、国际化政府、大部制政府、应急型政府管理形态转变等提供了有益借鉴。在世界多极化形式下,国家间的竞争不只体现在军事、经济、文化等方面,更渗透在政治生活的各个角落。一个国家要想获得人民的认可、世界的尊重，就必须有革故鼎新、勇于开创进取的勇气和魄力。

四、中国政府治理改革方向

经过上述分析，参照企业成功的管理模式经验，笔者认为政府可以从以下几个方面入手，优化改革现有政府管理模式：

（一）进行人事制度改革，推行用人弹性化人力资源管理模式

人才是一个组织的重要资源，工作人员的质量往往决定了组织的兴衰成败。从古至今人力资源的力量都有着不可忽视的力量，三国历史上，在众多枭雄中，刘备原本资质平平，却可以最终征服其他国家成就蜀国霸业，其最主要的原因便是知人识人，善于用人，充分发挥了下属的作用。如今更是如此，进入广义虚拟经济时代后，人才的作用已经不仅仅体现为一种资源，更是一种无可替代的资本，他们可以通过自己的智慧为组织创造大量的虚拟价值。对政府而言，建立起强有力的人事管理制度，可以有效增加政府活力，提高办事效率，建成廉洁高效的服务型政府。参照企业的人事管理制度，本文认为，首先，我国政府可以进一步深化政府公务人员聘用制度，考试竞聘与试用期相结合，并发展和完善新入职人员培训制度，延长培训时间和拓展培训方式，同时，应以更加开放的态度向社会招募精英人才担任中高层领导，逐步减少论资排辈现象的发生。其次，深化政府工作人员考核制度，要克服政绩考核的弊端，考核不应只局限于政府内部人员的民主测评，还应该结合人民群众意见。尤其是地方官员，要以能让群众看到和感受到的真正有利于改善人民生产生活的政绩为考核标准。最后，应适当开放公务员淘汰制度，建立起能上能下的公务员聘用体制，使公务人员时刻保持自己的先进性和创造性，这样才能使政府机构始终保持积极向上的状态，避免人浮于事、捧着"铁饭碗"喝茶看报的现象发生。

（二）以人民群众的需求（利益）为基准点，加强公共服务意识

一个组织若想达到自己的目标就必须和它的受众保持紧密联系，重视受众的生活状态和心理需求。作为以为人民服务为宗旨的中国政府应时时刻刻保持与人民的鱼水之情，深入调查了解人民的疾苦和诉求，"急人民所急，苦人民所苦"，围绕人民的需求（利益）制定和执行国家政策，并定期进行执行效果反馈，及时调整政策在实行过程中出现的问题；加强政府公共服务意识，公务人员要培育起"俯首甘为

孺子牛"的精神觉悟，以一个服务行业的职业习惯和职业道德来约束自己，才能真正地实现为人民服务的最终目标。

（三）由政府单独治理转向公共治理，培养人民主人翁意识

我国政府单独治理模式由来已久，很多社会公民组织形同虚设，处在政府的严格管控下，实质上成了政府的延伸和附属品。为了更好地发挥人民民主的优越性，培养人民的主人公意识，我国政府应鼓励非政府组织发展，在有效管理的前提下开放人民自主参与社会、政治、经济、文化活动的权利，使人民可以充分参与社会管理，实现真正的当家做主。

近年政府出台的一些政策引起了社会的关注，表明我国政府已经开始重视非政府组织的发展，着手进行非营利组织改革，让我们看到了改变公共管理现状的希望。2013年3月10日举行的十二届全国人大一次会议在人民大会堂举行第三次全体会议，国务委员兼国务院秘书长马凯（时任，2013年3月16日当选为国务院副总理）在关于《国务院机构改革和职能转变方案》的说明中指出，要更好发挥社会力量在管理社会事务中的作用。让人民群众依法通过社会组织实行自我管理、自我服务和参与社会事务管理，有利于更好地发挥人民主人翁精神，推动社会和谐发展。

为加快形成政社分开、权责明确、依法自治的现代社会组织体制，依据党的十八大精神和中央有关规定，《国务院机构改革和职能转变方案》提出，要改革社会组织管理制度：

一是逐步推进行业协会商会与行政机关脱钩，强化行业自律，使其真正成为提供服务、反映诉求、规范行为的主体。探索一业多会，引入竞争机制。

二是重点培育、优先发展行业协会商会类、科技类、公益慈善类、城乡社区服务类社会组织。成立这些社会组织，直接向民政部门依法申请登记，不再需要业务主管单位审查同意。民政部门要依法加强登记审查和监督管理，切实履行责任。

三是坚持积极引导发展、严格依法管理的原则，促进社会组织健康有序发展。完善相关法律法规，建立健全统一登记、各司其职、协调配合、分级负责、依法监管的社会组织管理体制，健全社会组织管理制度，推动社会组织完善内部治理结构。

正如李国立所言，"管理制度改革以后，政府向社会组织转移职能的范围、步伐、力度会加大加快，会把一些事务性的管理职能和公共服务职能转移给社会组织，这有利于提高政府的行政效能，从总体上看，今后我国社会组织在经济社会发展中的作用会扩大和加强"。相信只要我国政府坚持贯彻执行这一政策理念，不久的将来我国目前政府单独治理引起的不良后果会得到很好的改善。

（四）改善传统运动式治理模式，深化政府管理模式的法制化建设

中国政府治理模式有其独特的发展逻辑。新中国成立以来，由于特定的国内外环境和历史传统的影响，我国主要采取了运动式治理模式，即以通过大规模的群众运动推行民主诉求的方式来追求组织化、制度化、法制化的真正意义上的民主实现。运动式治理试图以"政治动员"的手法来消除"政治运动"产生的不良影响，这种方式虽在一定程度上促进了公民的民主政治参与度，却严重影响了民主法治建设的进程。[7]虽然我国目前在法制化的道路上已经取得了喜人的成绩，但是也要看到仍旧存在的不足。我们应摒弃运动式治理的弊端，增强法制化、制度化建设，政府在工作过程中要严格按照法律法规办事，减少治理中的主观随意性，使政府治理有法可依，有据可循。这样既有利于政府在人民中建立自己的威信，维护社会稳定，促进社会和谐，也有利于人民对政府工作实行监督，维护自己的合法权益。

（五）重视信息流通，增强政府工作透明度

众所周知，当今世界已经进入了一个信息爆炸的年代，各大媒体及网络上每天都有上万条信息在传播，大众传媒对民众的影响可以说深入骨髓。准确正面信息的传递可以让人民群众更加了解政府工作，更加支持政府工作，从而使政府的管理及政策推行更加方便易行；而不实或负面信息的广泛传播则会给政府或公务人员带来严重的不良影响，影响政府形象，甚至会导致政府工作的失灵。

首先，我国政府应重视信息在广义虚拟经济时代的价值和意义，正确引导媒体及时准确向民众传达信息，及时打击制止不实信息的传递；其次，要重视大众传媒关于政府工作方面的关注热点，及时调查事实真相，政府工作出现错误时要及时纠正，人民对政府有误解时要及时辟谣，增强政府与民众的信息交流；最后，政府应鼓励大众媒体对政府工作进行监督，允许法制范围内的政治评论，以此来鞭策政府工作，时刻让政府官员保持警觉性，杜绝寻租腐败的滋生。

五、总　结

政府是人民的政府，政府工作是为人民服务。为了更好地组织政府工作，我们应采取谦虚态度，积极地向国内外优秀组织团体借鉴经验，扬长避短，时刻保持党的先进性，保持政府的有效性。政府有选择性地向企业借鉴管理模式经验可以有效地弥补政府工作失灵，增强政府活力。同时，政府应加强与企业之间的联系，可以

通过政企领导干部定期组织会谈或试岗体验等方式，相互借鉴管理经验，取他人之长补己之短，共同探索高效的管理模式，促进政企共同成长，一起为中国特色社会主义的建设贡献力量。最后，要谨记，改革永远不应该是阶段性的，而应该是一个持续的过程，只有时刻保持这种心态才能以最快的速度、最高的质量完成中华民族的崛起，实现伟大的中国梦！

参考文献：

［1］李文良．论我国政府治理模式的转变［J］．理论前沿，2009．

［2］彭向刚．政府社会管理的误区及观念变革［J］．中国行政管理，2012（4）．

［3］林左鸣．广义虚拟经济——二元价值容介态的经济［M］．北京：人民出版社，2010．

［4］马成祥．新公共管理视角下我国政府管理模式的创新［J］．改革与开放，2011．

［5］［美］斯蒂芬·P. 罗宾斯，玛丽·库尔特．管理学［M］．北京：中国人民大学出版社，2009．

［6］林左鸣．广义虚拟经济与中国特色社会主义的发展［J］．社会科学研究，2010．

［7］冯志峰．中国政府治理模式的发展：从运动中的民主到民主中的运动——一项对110次中国运动式治理的研究报告［J］．甘肃理论学刊，2010．

经济发展新常态下应对中等收入陷阱的税收制度及效应研究

——中日韩三国政策模式比较分析[*]

崔景华[**]

（对外经济贸易大学 公共管理学院，北京 100029）

摘　要：我国经济在中等收入阶段已经运行了近15年，在经济从高速发展转为中高速发展的新背景下，保持持续稳步增长的发展态势是摆脱"中等收入陷阱"的重要环节。日本和韩国是成功跨越"中等收入陷阱"的典型代表，在经济发展模式上与我国有诸多相似之处。日韩两国在中等收入阶段构建了完善的税收法律和制度框架，有利于优化产业结构，提升人力资本，发展高新技术产业，增加居民收入，产生了良好的政策效应。我国应吸收和借鉴日韩两国中等收入阶段较为健全的税收制度模式，为尽快迈入高收入国家而构建有效的税制环境。

关键词：中等收入陷阱；居民收入；税收制度；日本；韩国

一、引　言

自20世纪50年代以来，世界上仅有11个经济体实现了长达25年的年均经济增速超过7%的增长奇迹。在我国，改革开放以后，国内生产总值已有36年达到了年均增速9.87%的高速发展，我国经济长期持续增长的模式在世界经济发展史上绝无仅有。按照世界银行的划分标准，2001年左右我国经济步入中等偏下收

---

[*]　基金项目：国家自然科学基金（71403050）；教育部人文社会科学研究规划基金项目（13YJA790008）；北京市哲学社会科学青年基金项目（13JGC064）。

[**]　作者简介：崔景华（1979—），女，吉林珲春人，经济学博士，对外经济贸易大学公共管理学院副教授，主要从事公共经济和公共政策研究。

入阶段,2010 年我国成为中等偏上收入国家。到 2014 年年底,我国的经济总量比 1978 年扩大了 28 倍,人均 GDP 超过了 7 500 美元,跻身中等偏上收入国家行列。但是经济面临的下行压力已在 2012 年开始显现。以经济增长速度而言,2012—2014 年的 GDP 增速分别为 7.7%、7.7%、7.4%,2015 年的经济增速目标定为 7% 左右(2015 年 GDP 实际增速为 6.9%)。❶ 如果未来 5—10 年内经济增速不能实现预期目标,我国很有可能滑入"中等收入陷阱"。❷ 今后若干年,中国经济将在新常态下运行,如何进一步提升居民收入、摆脱"中等收入陷阱"的魔咒、走上健康发展的轨道是中国经济面临的重大考验。

从世界经济发展历程来看,无论是英、美、德、法等发达资本主义国家,还是众多亚非国家,在发展经济的过程中由于受到战争、资源短缺等多种因素的影响进入了长期停滞时期,都面临过"中等收入陷阱"问题。大多数老牌发达国家和极少数亚洲国家克服种种困难,相继迈入高收入国家行列。尤其是日本、韩国等亚洲国家在发展过程中表现突出,经济迅猛增长,并没有陷入"中等收入陷阱",被誉为"东亚奇迹"。这些国家保持经济持续增长活力,成功跨越"中等收入陷阱"的重要原因之一是按照中等收入阶段的社会经济背景和特征及时调整和完善经济和社会政策。税收作为国家宏观调控和干预经济的重要政策工具在日韩两国跨越"中等收入陷阱"中起到了重要作用,因此,研究在文化、地缘环境、历史及经济发展模式上与我国存在相似性的上述两国的中等收入阶段的税收制度及治税理念有助于为我国经济长期稳定增长提供宝贵的经验和改革思路。

二、日韩与中国的中等收入阶段界定

依据人均 GNI 及其他社会发展指标,世界银行将世界各个经济体划分为低收入、中等收入偏下(下中等收入)、中等收入偏上(上中等收入)、高收入国家四个等级。按照 2010 年世界银行规定的标准,中等收入是指人均 GNI 在 976 美元~11 905 美元的发展阶段,其中年人均 GNI 在 976 美元~3 855 美元则称为中等收入偏下国家,年人均 GNI 超过 3 856 美元但低于 11 905 美元的就属于中等收入偏上国家。❸ 第二次世界大战后近 70 年,一百多个发展中经济体中,只有 13 个国家和地

---

❶ 李克强总理在 2015 年 3 月 5 日十二届全国人大三次会议的政府工作报告中的内容。
❷ 楼继伟在 2015 年 4 月 24 日"清华中国经济高层讲坛"上做出的表述。
❸ 划分标准来源于 2010 年世界银行规定的指标数据,单位是 2008 年美元,这一指标按照价格指数及其他因素做调整,因此各年有小幅变动,并不一致。

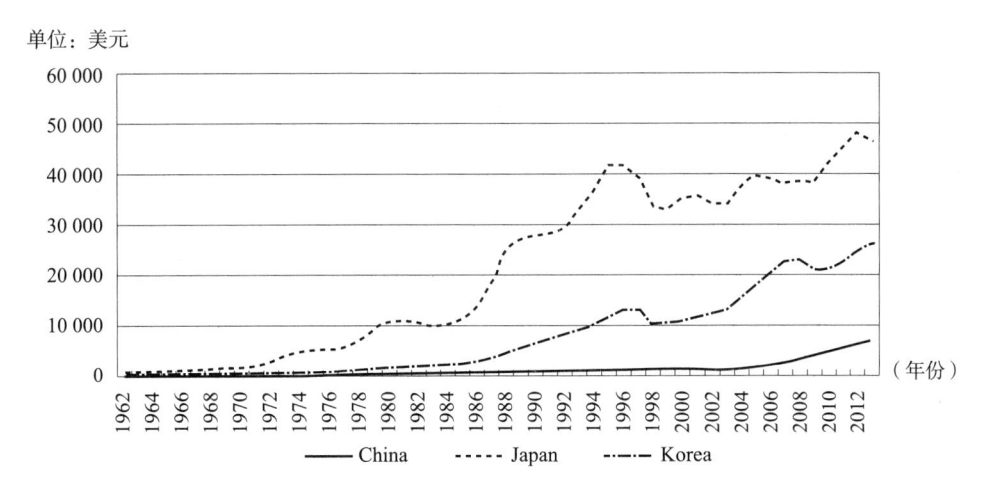

区成功进入了高收入国家行列。其中日本、韩国是少数资源不够丰富的经济体实现追赶型增长的成功典范。这些国家在20世纪70年代至80年代利用出口导向发展经济，取得了快速的经济增长率，成为新兴工业国（Newly Industrialized Country，NIC）。我国2014年人均GNI❶规模为7 476美元（国家统计局2015年2月公布的最新数据显示，2014年我国人均GDP为7 575美元，与人均GNI没有太多差距）❷，这一数值大致等同于日本1978年、韩国1991年左右的人均GNI规模，即我国目前的人均GNI分别相当于37年前的日本、24年前的韩国的发展水平（参见图1）。从人均GNI各年增长率来看，中、日、韩三国各年的波动较大。

图1 中、日、韩人均GNI发展水平

注释：中、日、韩人均GNI是以现价计算的美元为单位。

资料来源：世界银行网站的各年人均GNI数据整理。

（一）日本的中等收入阶段始于经济高速增长转入减速稳步增长的转折期

日本经济在第二次世界大战后得到了迅速发展，从20世纪40年代中期到现今大致经历了经济恢复、高速发展、低速发展、长期停滞四个阶段。在1956—1973年的经济高速发展时期，日本的工业生产年平均增长率达到了13.6%，国民生产总值占世界（仅统计资本主义国家）的比重和地位从第6位跃升到第2位，成为仅次于

---

❶ 世界银行衡量各国发展阶段依据的是人均GNI，但我国很多学者研究"中等收入陷阱"时，以人均GDP作为衡量标准，按照度量单位以及是否为不变价格计算等表示方法的不同，人均GNI和人均GDP有一定的差异，但出入不大。在此用世界银行界定的人均GNI来作衡量标准。

❷ 依据美元购买力平价2013年固定价格计算数值。

美国的第二大经济体,可谓创造了资本主义乃至世界经济发展史上的"奇迹"。在经济高速增长中期即在1966年日本成为中等偏下收入国家,而中等偏上收入阶段是以结束了长达20年的高速发展时期以后开始步入低速增长时期的1974年为起点,并经历了近十多年❶的历程后,1986年实现了由中等偏上收入国家跨越到高收入国家行列的发展目标,因此日本的中等收入阶段共经历了20年的时间。

(二)韩国在20世纪70年代末期和亚洲金融危机爆发前经历了中等收入阶段

韩国作为"亚洲四小龙"之一,是国际社会公认的成功摆脱"中等收入陷阱"的国家。20世纪60年代开始实施的一系列刺激经济的政策实现了产业结构转型、居民收入增长、吸引外资及技术进步等,为韩国成功摆脱"中等收入陷阱"提供了良好的经济运行环境。1978年韩国跨越"低收入陷阱"步入了中等偏下收入阶段,10年后的1988年人均GNI超过了中等偏上收入水平的下限,成为中等偏上收入国家,1995年人均GNI为13 080美元,首次突破世界银行规定的划分标准,迈入高收入国家。韩国在中等收入阶段停留了17年。虽然1997年受到亚洲金融危机影响,1998年人均GNI一度下滑到10 120美元,但次年开始经济缓慢复苏,2002年重新超过了高收入国家下限。

(三)中国经济已在中等收入阶段运行了近15年

从图1可知,从20世纪60年代到现今,我国人均GNI在很长一段时间内徘徊于赤贫水平,20世纪90年代末期增长迹象开始明显,此后以较快速度发展。2001年我国人均GNI达到了1 000美元,这表明我国跳出"低收入水平陷阱",顺利进入了中等偏下收入阶段。而日本、韩国从低收入国家迈进中等偏下收入国家行列的时间依次为1966年、1978年,在摆脱"低收入陷阱"方面,我国比日韩两国分别晚了35年、23年。此后,我国人均GNI继续快速增长,在2010年超过4 240美元,突破了3 855美元的划分界限,正式迈入"上中等收入国家"新台阶,短短的9年时间内我国实现了两次历史性跨越。我国在中等偏下收入阶段所停留的时间要比韩国少1年,但却比日本多了1年,即从中等偏下收入跨越到中等偏上收入所耗用的时间方面,日本为8年,韩国为10年。截至目前,我国经济已在上中等收入阶段运行了近15年,作为"十二五"规划的收官之年——2015年及"十三五"时期是摆脱

---

❶ 有些学者认为日本的中等收入阶段是1973—1985年,历时12年。

"中等收入陷阱"的关键时期，如果成功实施改革，且改革成效显著，我国将顺利迈入高收入国家行列；如若不然，"中等收入陷阱"将是无法跨越或经历很长时间才能走出去的"沼泽地"。

三、跨越中等收入陷阱的税收制度及政策扶持模式分析

成功跨越"中等收入陷阱"需要彻底转变前期以及低收入阶段的发展模式、思路及政策运行方式。世界银行在研究了顺利走出"中等收入陷阱"的经济体的发展模式以后认为，就经济增长的动力机制而言，从中等收入国家迈向高收入国家需要实现三个转变——第一是从多元化向专业化转变，通过专业化扩大经济规模，从而获得规模经济带来的收入递增效应，实现经济增长和竞争力增强；第二是要从依靠投资转向创新实现经济增长；第三是通过增加教育投入，特别是增加高等教育服务，提高劳动者素质和技能，使之能够适应新技术并参与创新。日、韩两国为了成功跨越"中等收入陷阱"，在中等收入阶段通过不断调整和完善税收制度来推进产业结构转型、技术进步、人力资本提升以及收入分配均衡等功能。相关的税收政策及其调整思路如下：

（一）产业结构升级转型相关税收扶持模式分析

1. 日本以防止生产能力过剩和提升产业竞争能力为核心的税收扶持政策

在中等收入阶段前期，日本为了强化贸易和资本的国际化、自由化，实施了众多规范产业秩序的新政策，对于产能过剩的石油、钢铁、合成纤维等产业的设备投资制定了投资起点规模等政策实施干预。鼓励中小企业发展壮大，加强重化工、电子产业、核能发电等新兴高新技术产业的发展。在中等收入阶段后期，日本宏观经济处于稳定增长的良好发展时期，为了减少发展重化工产业迅速发展造成的环境污染，将产业结构的重点从重化工产业转向知识密集型产业。结合国家的产业发展布局变动，税收政策也做了相应的调整，其中企业所得税改革以针对企业保留利润课征的税率和股东分红部分课征的税率为主要改革对象，具体而言：对企业法人保留利润部分课以重税、股东分红部分课以轻税（个人所得税中对分红所得税收负担进行10%的税额扣除）的两档税率征税模式，并设置了对中小企业的优惠税率政策。在中等收入初期——1966年基本税率中企业保留利润税率为35%，股东分红部分税率为26%，1974年上述两项税率分别为40%和28%，1981年为42%和32%；而在

步入中等收入阶段之前,日本企业基本税率较高,1955 年为 40%,1958 年为 38%,且没有区分保留利润和分红部分的税率,1961 年开始对保留和分红部分的利润分开征税,分别为 38% 和 28%。对中小企业优惠税率而言,1966 年年应纳税所得额低于 300 万日元的中小企业保留利润税率为 28%,股东分红部分税率为 22%,而在 1955 年保留和分红部分的税率统一为 35%。1974 年对年应纳税所得额标准有所提高,将 600 万日元以下规模的企业界定为中小企业,税率未变;此后的 1981 年对应纳税所得额和税率都做了上调,年应纳税所得额为 800 万日元以下,税率分别为 30% 和 24%。因此,总体而言,中等收入阶段前期日本的企业所得税税率较之前有所下降,且对中小企业的优惠力度也较大,而到了中等偏上收入阶段以后,为了筹集更多的财政收入解决一系列伴随发展而来的社会问题,税率有一定的上浮。这些措施一方面保障企业内部资金更为充实,促使各类法人企业不断发展和壮大;另一方面进一步完善了中小企业税制,较大幅度减轻了中小企业税负,缩小了其与大企业之间诸多方面的差距,推进了中小企业的成长与发展。

2. 韩国以顺应世界减税浪潮、削减税收负担为目标的产业税收扶持政策

为了顺应 20 世纪 80 年代开始的世界各国减少税收超额负担的改革潮流,步入中等收入阶段以后,韩国努力下调企业所得税税率,每年都开展与企业所得税相关的改革。此举目的一方面在于提高韩国企业的对外竞争力,另一方面在于消除低收入阶段(20 世纪六七十年代)经济的过快增长造成的负面影响。具体措施包括,连续将法人税最高边际税率由 1980 年的 40% 下调至 1995 年的 30%(1996 年进一步下调至 28%),其调整幅度之大可以说是史无前例的。1980 年较小规模的企业设计两档优惠税率 300 万韩元以下规模的为 20%,300 万~500 万韩元规模的为 30%;但从 1981 年开始取消了两档优惠税率,除了基本税率以外,仅设置一档优惠税率(1981—1988 年企业规模以 5 000 万韩元标准,划分两类,1989 年提高至 8 000 万韩元,1991 年又提高至 10 000 万韩元),规模较小企业的优惠税率在中等收入阶段初期有所上调(1981 年为 25%),此后又逐步回落,1982 年为 22%,1995 年达到了 18%,并呈现出继续下降趋势。[1]

(二)缩小收入差距,完善收入分配相关的税收政策

中等收入阶段,随着经济总量的增长和居民收入的不断增加,收入分配不公现象严重危害了社会和谐和稳定发展,因此完善收入分配政策、缩小收入差距成为日、

---

[1] 参考资料:参照韩国租税研究院《韩国税制史》VOL. 2 - 1, 2012, pp. 286 - 287 整理。

韩、新三国中等收入阶段的政策重点。在税收领域,个人所得税制度是调节收入分配的重要政策工具之一。

1. 日本以综合课征制度和税率结构调整为主要的改革目标

日本的个人所得税最早在1887年明治时期导入,在步入中等收入阶段之前,日本社会较大的个人所得税制度改革出现在1899年、1940年、1947年和1950—1953年的改革。20世纪50年代初期的税制改革是基于1949年以美国哥伦比亚大学教授夏普为首的"日本税制调查团"对日本的税制改革提出的著名方案而实施的重大改革,历史上称为"夏普劝告",由此,在中等收入阶段之前日本已经形成了以个人所得税为主、直接税为中心的税收制度。进入中等收入阶段,日本个人所得税累进度高,1974年的最低和最高税率为10%和75%,累进级次多达19级,1984年税率级次减少到15级,最低税率为10.5%,最高税率下调为70%,逐步上调最低课税限额。此外,实施综合课税制度,将个人的不同类型所得综合计算后申报纳税,并对劳动者自身及其配偶和子女给予基础扣除、配偶扣除和抚养扣除等减免优惠政策。

2. 韩国以减少累进级次和增加减免条例为改革目标

韩国在低收入阶段末期即1975年已经实施了综合所得税制度框架,在中等收入阶段,本着税制与国际接轨以及强调税收的所得再分配功能的原则,个人所得税改革主要集中在超额累进税率、减免税制度两大方面,运行结果表现为中产阶级以下阶层的所得税负担下降,而高收入者的税负却不断增加。具体而言,在个人所得税累进税率的最高和最低税率设计上,通过中等收入阶段七次改革,最高税率由1978年的70%逐步下调至1995年的45%,最低税率则从8%下调至5%。累进级次则从1978年的17级下调至1995年的6级。减免措施方面,通过劳务所得扣除、劳动者及其家庭成员扣除、其他项目扣除及税额扣除等方式为劳动者减轻税收负担。例如1980年劳动者本人扣除为30万韩元,此后经过四次调整,1995年上调至72万韩元;同一时期配偶扣除方面也从30万韩元增加到54万韩元;抚养家庭成员扣除则从24万韩元/人提高至48万韩元/人。❶ 薪酬所得税的起征点则从1982年的238万韩元逐步上调至1995年的627万韩元,同时按照家庭人口数量来确定所得税的起征点。

(三)商品流转与家庭消费支出环节相关的税收制度改革

1. 日本以减少零售环节课税、增加生产环节课税为主

在商品课税制度方面,在中等收入阶段最为重要的商品课税制度为物品税制度,

---

❶ 根据各年度《租税概要》整理。

在1989年4月正式导入增值税之前，物品税在间接税体系中占有重要地位。中等收入阶段日本的物品税分为生产和零售两个环节征收，并逐步增强生产环节的课税范围，税目从1962年的65种增加到1984年的85种。零售环节涉及的税目有所减少，从1962年的16种减少到1984年的10种。日本迈入中等偏上收入阶段以后，全部家庭消费支出中税收的负担率平均约为4.6%，其中交通、通信类的消费支出负担的税收最高，约为16%，其次为食品消费支出的税收负担，约为6%，文化娱乐消费、生活消费支出的税收负担率较低且平稳，大多数年份未超过5%。❶

2. 韩国最早引入增值税体系并完善个别消费税制度

韩国与商品销售和消费行为相关的税种有增值税和个别消费税。增值税在韩国称为附加价值税，1977年韩国出于扩充发展经济所需财源的需要，实施了增值税，从而成为最早引进附加价值税的亚洲国家，也是1980年之前全世界实施这一税种的二十几个国家之一，其引进在韩国税制史上具有划时代的意义。在中等收入阶段韩国的流转税体系中，增值税具有重要地位，相比而言，日本和新加坡的增值税制度是步入高收入阶段以后才开始引进的。迄今为止，附加价值税收入在国税中所占比重一直稳居第一位。以2010年为例，其总收入为491 212亿韩元，占国税收入的34%、国地税总税收收入的21.7%。中等收入阶段初期，增值税基本税率为13%，并设置了10%的弹性税率（特例者或小规模纳税人适用的税率），但在1988年对此项规定做了调整，基本税率下调至10%，并取消了弹性税率，且特例者适用标准从2 400万韩元上调至3 600万韩元。1993年增值税改革围绕缩小免税范围、严格控制特例者身份认定、规避偷漏税而实施，1995年则设置了简易纳税人制度。此外，以特别消费税、烟消费税、酒税、交通能源环境税等为主的个别消费税主要目的在于筹集各级政府财政收入和保护环境，其中与烟草买卖相关的交易还要交纳教育税，确保中等收入阶段完善教育体制改革和教育财政所需资金。

除此之外，日韩两国在中等收入阶段，其与财富积累和分配领域相关的财产税体系也较为成熟。日本不断完善继承税和赠与税；韩国在财产取得、保有、转让等各个环节都设置了相关的税收制度。

四、日、韩税制改革成效及与我国税制的比较分析

中等收入阶段，日、韩两国能够跨越"中等收入陷阱"迈入高收入国家行列的

---

❶ 依据各年日本国税厅《国税厅统计年报》、财务省财务综合研究所《财政金融合计月报：租税特集》、总务省统计局《家计调查年报》而整理。

最为关键的因素包括提高经济的开放程度、降低市场准入限制、加大教育和研究开发投入。由日、韩两国中等收入阶段的税制改革思路和模式可知，上述几个因素是日、韩两国在中等收入阶段实施财税体制改革的核心目标。新税制运行后所释放出来的政策效应可以概括为以下五个方面。

（一）逐步完善的税制结构进一步促进经济和居民收入的增长

经济和居民收入水平决定税制结构，而税制结构反映一国经济发展水平。日本和韩国的经济在中等收入阶段运行了约20年，这期间税制结构随着经济规模和居民收入的增长而逐步调整和完善，从而进一步适应和促进实体经济的发展。从表1数据可知，就企业所得税占税收收入的比重而言，在中等收入偏下阶段初期、中等收入偏上阶段初期和末期，日本和韩国体现为小幅的先增后降趋势，而个人所得税则一直表现为上升趋势。相反，商品服务税类的比重无论是日本还是韩国都呈现出大幅下降趋势。日本的财产税比重较为平稳，韩国呈现出上升趋势。与日、韩两国相比，我国在上述三个时间段，企业所得税比重小幅上升，个人所得税则较为稳定，商品服务税的比重没有呈现出明显的下降趋势，这与日、韩两国有明显差异；财产税比重较低，2014年与之前阶段相比增长趋势显著。

表1 中、日、韩三国中等收入阶段税制结构　　单位：%

阶段	中等收入偏下阶段初期				中等收入偏上阶段初期				中等收入偏上阶段末期			
国家	企业所得税	个人所得税	商品服务税	财产税	企业所得税	个人所得税	商品服务税	财产税	企业所得税	个人所得税	商品服务税	财产税
日本	22	21.2	25.8	8	28.1	23.1	16.1	8	21	24.7	14	9.7
韩国	12.2	13	62	7.6	13.2	15.8	52.2	10	11.4	17.5	41.1	14.4
中国	17.2	6.5			17.5	6.6	52.3	4.6	20.3	5.9	49.1	4.9

注释：①日本中等偏下初期、中等偏上初期、中等偏上末期的时间分别为1966年、1974年、1985年，韩国为1978年、1988年、1994年，中国为2001年、2010年、2013年（并非中等偏上收入末期，是可查到的目前的情况）。②中国为增值税、营业税、消费税合计。

资料来源：OECD的Date数据库中日本和韩国各税占税收收入比重；中国国家统计局。

（二）产业结构中高新技术与服务业的地位提高

实现产业结构成功升级和转型是日本、韩国追赶型经济体成功迈入高收入国家的重要前提。工业企业及服务业等第三产业的企业所得税的优惠税率、税收减免、加速折旧等税收扶持政策提升了日韩两国的工业和服务业在产业结构中的比重,并进一步利用各类税收优惠政策释放高新技术行业的内在动力,使高新技术行业进入快速、高效增长的发展空间。如图2、图3所示,就工业增加值占GDP的比重而言,1980年(日本已经成为中等偏上国家,韩国则处在中等偏下阶段末期)日、韩两国工业增加值占GDP的比重已经超过34%(日本为39%,韩国为34%);中等偏上收入阶段初期,韩国为38%;到了中等偏上收入水平末期时,日本的工业增加值比重为38%(1985年),韩国为38%(1994年)。与此相比,我国摆脱贫困陷阱以后刚刚步入中等偏下收入阶段初期(2001年)时这一比重为45.2%,2010年成为中等偏上收入国家以后这一比重为47%,2013年和2014年分别为43.9%、42.6%。可见,从工业增加值占比来衡量的话,我国在中等收入阶段初期和中期比日、韩两国同一时期要略微高一些。此外,就服务业附加值占GDP的比重而言,1980年日本、韩国分别为58%、51%;中等偏上收入阶段初期,韩国为52%(1988年);到了中等偏上收入末期的时候,两国的比重分别为59%、56%,总体表现为上升趋势。我国在2001年中等偏下收入阶段初期这一比重为40.5%,2010年刚刚迈入中等偏上国家行列时为43%,2013年为46.1%,首次超过第二产业增加值比重,2014年为48.2%,近年虽然小幅增长但与日、韩两国相比明显偏低。❶

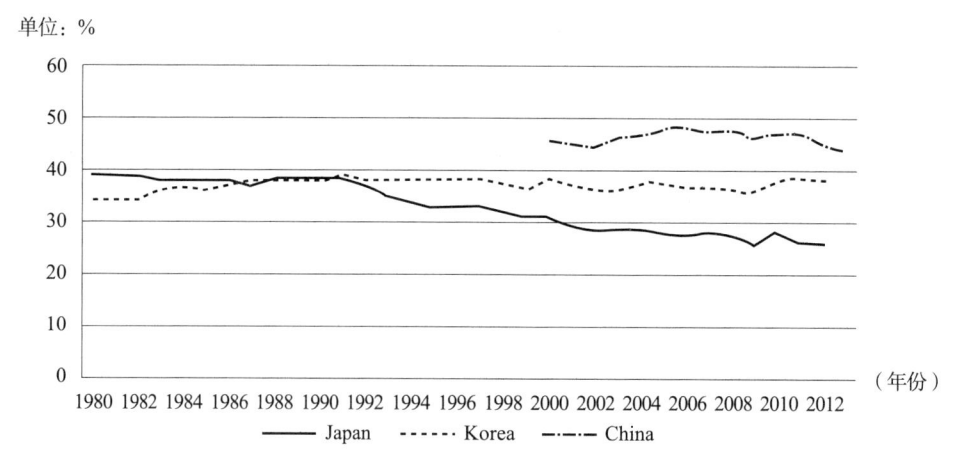

图2 工业增加值占GDP比重

---

❶ 国家统计局2014年和2015年发布的统计公报。

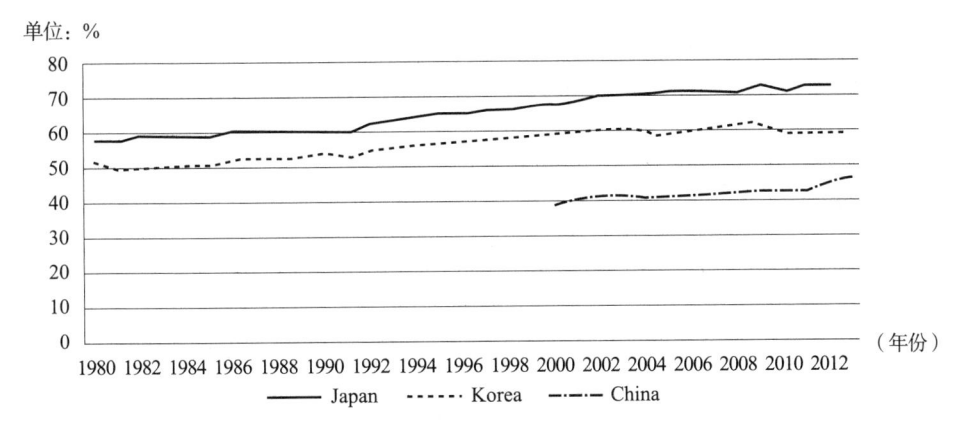

图3 服务业等附加值占GDP的比重

资料来源：世界银行网站各国各年数据整理。

（三）市场竞争机制得到完善的同时经济开放程度不断提升

开放的经济环境和完善的市场竞争机制能够优化一国微观经济体对国内外资源的有效配置，提高经济运行效率并降低成本，同时能够学习和模仿先进国家的技术、管理经验，这些对于追赶型经济体而言都是较短时间内赶超发达国家的有效方法。日、韩两国在通过适度降低国内企业所得税税率、外国企业投资税收优惠等措施开放本国市场的同时，利用出口减税等措施鼓励国内企业产品的出口。图4是日、韩以及中国1980—2013年外国直接投资净流入占GDP比重的情况分析。我国自1994年开始这一比重也呈现出明显上升趋势，2001年中等偏下收入阶段初期，这一比重为3.34%，2010年为4.6%，2013年为3.76%。由此可知，开放性程度较深的中等收入阶段的国家直接投资净流入比重比我们国家要高出很多倍。

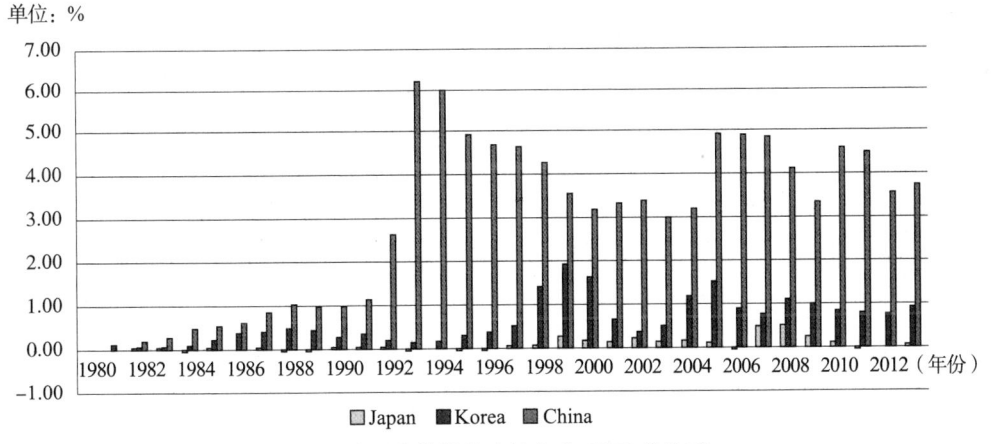

图4 外国直接投资净流入占GDP的比重

资料来源：同图3。

(四) 劳动力素质和科技研发能力增强

中等收入国家成功跨越"中等收入陷阱"并保持较高的经济增速主要在于提升对前沿技术的模仿学习能力,这需要培养较高素质的劳动力队伍并注重和扶持研究开发事业。日、韩两国通过个人所得税的劳动者个人及家庭成员的减免等方式在征税环节降低劳动者抚养子女的负担,同时通过设置专门的教育税种拓宽教育经费来源并增加支出规模,为提高劳动力的素质提供了制度保障。由图5可知,日本在中等偏上收入阶段(1980年)的高等学校入学率为31%,韩国在刚刚步入中等偏下收入阶段时(1988年)高校入学率仅为13%,1995年达到了49%。我国2010年步入中等偏上国家行列初期时,高校入学率仅为23%,故与日、韩的差距较大。此外,日、韩提高研发投入的税前扣除比重,对微观经济体的研发活动给予税收扶持,从而增加了高科技产品的生产率。图6是各国全部制成品出口份额中高科技产品所占的比重,日本、韩国与我国大致类似(参见图6)。

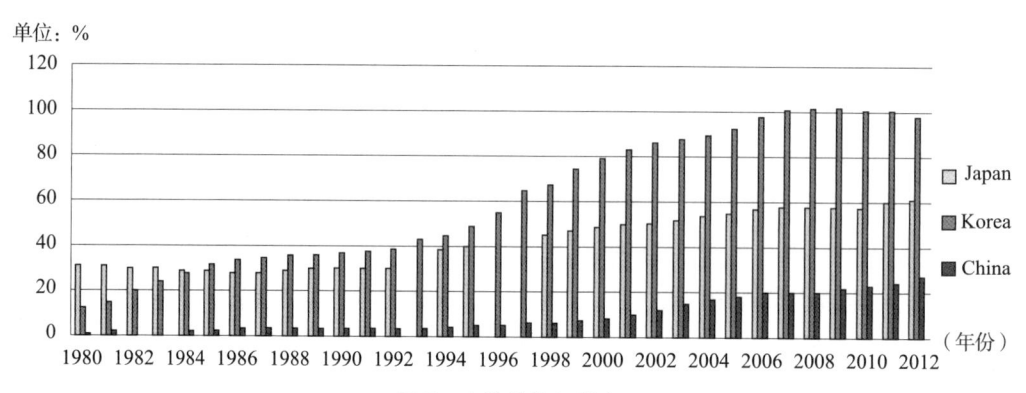

图5 高等学校入学率

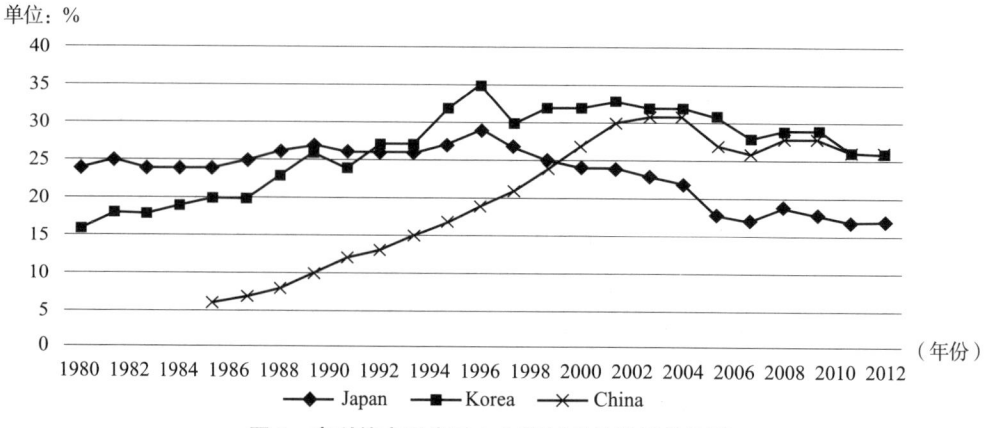

图6 高科技产品出口占全部制成品出口的比重

资料来源:世界银行、国际货币基金组织及联合国教科文组织的相关数据整理。

(五) 均衡收入分配的政策效应较为显著

有效调节收入分配差距是中等收入阶段发展经济过程中解决各类社会问题的重要安全保障系统。日本是全球基尼系数最低的国家之一，中等偏上收入阶段中期（1980 年）的家庭收入分配的基尼系数为 0.2729，随后的 20 年基尼系数一直比较稳定，没有突破 0.3（2000 年为 0.283，2009 年为 0.283）。❶ 日本基尼系数较低的一个重要原因是政府通过实行高额累进税制"劫富济贫"，高收入群体的最高所得税税率达到 75%，一般低收入群体只有 15%。中等收入阶段韩国的居民收入不断增加，中等偏上收入阶段中期（1990 年），韩国的基尼系数为 0.256，虽然 1997 年的金融危机严重加剧了韩国的收入分配差距，但在整个中等收入阶段韩国的收入分配较为平均。我国在中等偏下收入阶段初期（2003 年）基尼系数就已经超过了收入分配差距的警戒线值 0.4，达到了 0.479，属于收入差距较大的国家，此后基尼系数一直呈现出增长态势，2008 年达到了 0.491 的峰值，从 2009 年开始基尼系数缓慢下降，2010 年（中等偏上收入的初期）为 0.481，2014 年为 0.469。❷ 可见，我国在中等收入阶段的收入不公平程度高于日、韩两国，需要进一步完善税收制度来调整收入分配差距。

五、政策启示

(一) 增强企业所得税的技术创新和研发能力扶持功能

中等收入阶段，日、韩两国通过完善的企业所得税制度及优惠政策来提高企业的研究开发和创新能力。我国目前虽然已经建立了多种针对技术创新型企业的税收优惠政策，但是各类规定限制了诸多研发项目的政策受益范围。今后在计算企业所得税时应允许加计扣除技术创新企业经费开支中与研究开发相关的合理支出，例如无法剥离生产和研究开发中共同使用的机器设备的成本支出而不能计入研发费用的部分应允许税前扣除；扩大税收优惠中扣除项目的归集范围，降低归集次数，减少企业申请优惠的成本；加大关联交易以外的技术交易（技术许可使用权、技术秘密交易等）等技术转让所得的税收优惠力度。此外，应限定研究开发活动的地点为我

---

❶ 资料来自凤凰网刘昌黎的博客研究文献。
❷ 依据国家统计局 2015 年 1 月 20 日公布的数据整理。

国境内，从而激励各类企业特别是外资企业在我国境内实行研发活动。

（二）完善个人所得税的公平收入分配和提升人力资本功能

日、韩两国在中等收入阶段基本形成了健全的综合个人所得税制度。我国现阶段应进一步解决个人所得税分类课征带来的诸多弊端，通过实施工资薪金、劳务报酬、稿酬所得、偶然所得等各类收入的综合课征制度来提高个人所得税的公平性，在进一步适度提高免征额的同时在基础扣除项目中充分体现家庭负担因素，如劳动者的教育、赡养老人及抚养子女等的专项费用，并择机推进以家庭为单位征收个人所得税的试点改革方案。

（三）提升商品课税体系的调节企业负担及居民消费支出功能

商品课税通常涉及居民最终消费支出负担水平。国际上公认的较为公正的商品课税制度为增值税制度，由于日、韩两国经济发展所处的阶段各不相同，因此，中等收入阶段增值税制度运行机制较为健全的是韩国。我国早在低收入阶段（1994年）就已经构建了较为先进的增值税制度体系，但有些提供劳务服务的领域没有纳入增值税管理范畴，今后应进一步推进营业税改为增值税的范围，平衡不同行业之间的税收负担。同时，将最终课税环节涉及的税收负担显性化，增强公共收入的透明度。

（四）培育财产课税制度中针对高收入阶层的财富调节功能

财产课税制度是古老的税收制度之一，日、韩两国在中等收入阶段注重财产税对居民收入的调节功能，不断完善财产税的制度体系。我国现行税制中财产税包括房产税、契税等，调节财产收入的力度较弱。今后应进一步整顿当前零星的财产课税制度，建立完备的财产登记和管理体系，加大财产保有和转让环节的课税力度，在捐赠和继承等财产转移行为方面也设置相关税收管理模式，调节高收入阶层的财产税收，构建高中低不同收入群体之间公平、合理的收入分配体系。

参考文献：

[1] 蔡昉. "中等收入陷阱"的理论、经验与针对性 [J]. 经济学动态，2011（12）.

[2] 代法涛. 跨越"中等收入陷阱"：理论、经验和对策——基于44个国家的跨国实证分析 [J]. 财经研究，2014（2）.

[3] 厉以宁. 论"中等收入陷阱" [J]. 经济学动态，2012（12）.

[4] 曾铮. 亚洲国家和地区经济发展方式转变研究——基于"中等收入陷阱"视角的分析 [J]. 经济学家, 2011 (6).

[5] 全毅. 跨越"中等收入陷阱": 东亚的经验及启示 [J]. 世界经济研究, 2012 (2).

[6] 崔景华, 李浩研. 促进居民收入倍增的税收政策——中韩日比较及效应分析 [J]. 东北亚论坛, 2014 (4).

[7] 韩国国税厅. 国税厅30年 [M]. 首尔: 韩国税务出版社, 1996.

[8] 崔景华. 中等收入阶段税收对居民收入的作用机理及效应: 日本的经验及借鉴 [J]. 现代日本经济, 2015 (2).

[9] 屈宏斌, 马晓萍. 追赶型增长到底能走多远 [N]. 经济观察报, 2015-01-19.

[10] [日] 和田八束. 租税特别措施 [M]. 有斐阁, 1992.

[11] 李浩研, 崔景华. 税收优惠和直接补贴的协调模式对创新的驱动效应 [J]. 税务研究, 2014 (3).

[12] 赵海娟. 新常态下需以改革创新争取实现中高速增长 [N]. 中国经济时报, 2015-01-12.

公共利益视角下的政府与社会资本合作

欧纯智[*]

（中国财政科学研究院，北京　100036）

摘　要：2014年年末国家大力倡导政府与社会资本合作（PPP），将其作为更灵活广泛的现代化治理核心工具。到目前为止，有关PPP的关注焦点一直集中在管理、融资、效益和技术层面而忽视了一些社会治理元素：公共利益、国家责任以及公众参与。PPP是公共部门和私人部门之间的一种收益风险分担关系，是基于一个共同的愿望，以实现预期的公共政策结果的合作伙伴关系。PPP作为治理工具，可以更好地实现公共利益；可以引进社会力量同政府合作，共同承担国家责任；可以吸纳更多的公众参与，使公共服务更具有回应性、更惠民。

关键词：公共利益；国家责任；公众参与；治理

一、导言：政府与社会资本合作（PPP）

自工业革命开始后的城市化早期，公共部门提供公共产品和服务，并进行基础设施投资。从那时起，根深蒂固的公私分野就将私营部门与社会自治力量排斥在外，折射出国家干预与市场机制分庭抗礼的态势。随之而来的城镇化、老龄化等城市问题凸显了社会应对机制在功能上远远落后于社会期待的事实。传统上我们将政府视为征税者和公共产品与服务的提供者。随着时代的进步，现代城市政府承担的角色越来越多：刺激经济、激励并维护市场健康有序的竞争、提供就业、减少贫富差距等。在这样的大背景下，政府需要承担的责任越来越多，亟待社会力量参与其中，

---

[*] 作者简介：欧纯智，女，汉族，贵州省黔南州惠水县人民政府副县长，中国人民大学行政管理博士，中国财政科学研究院2014级财政学博士后。

公私合作呼之欲出。

PPP是分享或重新分配风险、成本、效益、资源和责任的管理机制，不是我们所理解的单纯的跨部门参与，它超越了委托—代理契约关系，致力于实现某种共同目标。因此，跨部门伙伴关系意味着参与者可以通过协商缔结合作（发挥1+1>2的资源整合优势）。[1]该模式应该具备以下特征：合作各方共同决定目标；以合作和共识作为决策的基础；基于信任的正式或非正式的关系；合作伙伴之间的妥协让步和互动；共同分担收益、风险、责任和权利。[2]

社会力量通过PPP投资公共服务具有显而易见的优势，政府要利用私人部门优势探索新的能够自觉改进效率的政策，并借鉴更具市场回应性的私营部门管理模式。然而，PPP的核心意义在于最大化公共利益。确切地说，PPP涉及一个介于管理概念与民主概念之间的权衡取舍。它是管理机制，更是治理机制。

二、背景：新一届领导集体与公共部门改革

以习近平总书记为核心的新一届领导集体履职标志着"习李时代"的到来，在改革问题上所呈现出的新作风、新气象和新思路，引起了全国人民的强烈反响。然而，就某种意义来说，中国政府（尤其是自1978年）一直处于改革的过程中，以强政府弱市场、高能耗低产出为核心特征的中国经济模式积累了巨大的社会风险，使经济进入低速增长的新常态。其中，城镇化进行时、人口红利不再、老龄化社会、较高基数上投资"报酬递减"、工业化与后工业化两步并作一步走等社会问题使得中国的形势变得更加复杂。政府与社会力量在公共服务的设计和交付中发挥了核心作用，标志着我国公共行政从管制走向合作治理。

当前，公共部门提供的公共产品和服务越来越难以满足日益增长的创新和不同形式的治理需求。尽管困难重重，政府依然要继续承担传统的公共责任，承担公众要求它们承担的广泛而多种多样的任务。公众天然的具有在不增税的前提下要求更多公共服务的诉求，这似乎让政府陷入两难困境——利用有限的资源提供更多的公共服务。在这种情况下，公众希望政府"钱都花在刀刃上"，将效率提升到前所未有的高度，就是我们常说的"少花钱多办事"，这也是所有现代民主国家都会面临的压力。更广泛地说，新一届政府决心要表现出良好的治理能力，彻底摆脱官僚作风浓郁的刻板印象、保证社会资本健康有序的发展壮大。很明显，政府打算继续在许多领域开展PPP，该机制早在"胡温政府"时就已经小试牛刀，它被看作一种解决财政支出压力、缓解社会矛盾的有效方案，同时也表达了政府对社会力量所寄予

的希望和信任。新一届政府努力发挥私营部门的高效和专业知识的优势，扩大公共产品与服务提供的范围，提升公共产品与服务的质量。据国家发改委公告显示，2015年5月发布的PPP项目共计1 043个，总投资1.97万亿元，项目范围涵盖水利设施、市政设施、交通设施、公共服务、资源环境等多个领域。[3]

PPP之所以得到政府的积极推广，在很大程度上源于社会资本引入能够有效缓解政府的财政约束，[4,5]尤其当政府遭受沉重的债务负担时，PPP的应用会比以往更为普遍。由下图1可知，1999—2010年度我国债务余额量值节节攀升，适当、逐步地引入PPP是我国现实发展的需要。贾康针对当前的现状强调，即使未来财政资金压力得到有效缓解，也要继续推广PPP模式。这是因为PPP的优势并不仅仅局限于缓解财政紧张，还在于能够倒逼有效投资、对冲经济下行，有助于我国的治理改革创新，尤为重要的是，可以增进公共利益。PPP由政府提供资本作为"引子钱"来拉动社会资金与民间资本，通过与社会资本缔结契约的方式提供公共服务。其实，纳税人对"谁"来提供公共产品和公共服务并不感兴趣，他们只是关心服务的标准和质量。以前由于财政资金不足，造成公用基础设施投入使用后质量不过关，导致这样或那样的使用问题，并不能让老百姓满意，这不是极大化公共利益。政府投资的目标应当是改善那些"最小受惠者"的福利，让他们切实地感到受益。唯有如此，公共资源的分配才能更趋于公正，才能更快地实现中国梦。

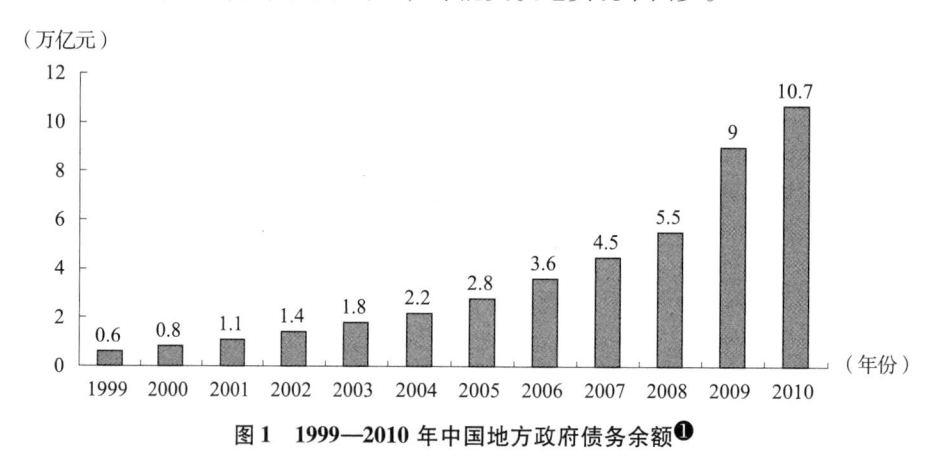

图1　1999—2010年中国地方政府债务余额❶

三、政府与社会资本合作的政治议题——公共利益

远在氏族社会的原始时代，就有公共利益的概念，当时的"公共利益"指氏族成

---

❶ 贾康，等，著．全面深化财税体制改革之路［M］．北京：人民出版社，2015，53．

员之间的共同利益。在古希腊和古罗马，公共利益的范围得到进一步扩大，已经扩展到城邦和贵族集团。近代先哲陆续提出公共利益的概念，洛克的"共同体"、亚当·斯密的"共同体下的市场经济"等，都是当代民主社会实现公共利益的社会基础。

众所周知，弘扬公共利益是社会治理的第一要旨。公共利益可以简单地理解为让老百姓得到实惠，让老百姓满意。自20世纪90年代末以来，我国开始推进以"小政府、大社会"为目标的政府职能转型，将公共产品和服务的提供职能以公开招标的形式转移给社会组织和私营部门，这是PPP的早期雏形。政府完成了从公共产品与服务的提供者到监督者的身份转换过程。在政府的主导下，社会组织持续稳定地提供质量有保障的公共服务。PPP在一定程度上使社会自治力量、私营企业承担了相应的公共责任，这不仅仅是社会治理改革，更是社会治理创新。

近年来，随着PPP的大力推广，有关公共利益的实现机制重新成为社会治理改革的焦点。我们知道，由多人共享、由集体提供、向受益人融资的物品和劳务具有潜在的效率。但是，这些受益者将以怎样的集体方式或政治程序将自己组织起来，以便从集体行动中获得真正的公共利益，同时又使自己免受剥削呢？我们知道，社会的运转必须有规则，必须有法律秩序，必须有限制措施。[6]本部分将围绕效率、风险、复杂性、问责四个方面探讨实现公共利益的PPP相关配套机制。

（一）效　率

政府比其他任何组织的效率都更低下，以前我们经常会将其归结为机构臃肿、公务人员的官僚作风浓厚，其实，这些只是表象。"政府的模棱两可、无效率的甚至不具操作性的限制都是由那些曾经生活于权力不受限制的专制政府下的智者做出的无奈选择……在面对所有明显的延误、混乱以及权力滥用的威胁时，我们依然未找到一种比使权力的运用受制于宪法规则更好的方式来保障自由"。[7]公共部门的低效恰恰是由其公共性的天然属性决定的。[8]在此，并不是为政府所谓的"低效"开脱，政府要适当地借鉴私人部门的高效优势，"择其善者而从之，其不善者而改之"，在合作的过程中有意识地学习、权衡、取舍。此外，PPP的效率提升极大地得益于政府（非项目参与方）与公众的支持。很明显，PPP作为一种公共政策与当地的政治环境有着直接的关系。政府和当地群众对合作项目的认可和接受程度是决定项目效率的重要原因。当地政府的必要支持会吸引更多的投资者，使项目的运转更具效率。公众对项目的理解也会影响项目的顺利进展，尤其是项目初始阶段的公众支持可以减少延误，在项目后期的运行当中也不会因为受到公众投诉而中断。公众对PPP项目的接受和理解有赖于当地政府的推广，PPP的潜在参与者也应该事先承诺，并在事后兑现向公众提供优质服务的承诺，尽最大努力获得公众的最大支持。由此可见，PPP 自动提供了一种新型的责任机制以及一定程度的民主潜力，为公众参与创造了新的机遇与挑战，也为公众参与治理提供了一种渠道。无论是社会自治力量还是私营部门，只要参与到公共服务的提供过程当中，都会接受消费者——也就是公众的检验与选择。竞争是由竞争规则来描绘的，较好的竞争是通过改变规则产生的。[9]这是一个市场模式下的集体选择过程，正是 PPP 改变了政府提供公共服务的传统模式，公众、社会力量都在这个过程中参与公共领域。只有公众能够真正参与 PPP 当中，才能有效地提升其效率，才能引导 PPP 主动实现公共利益。

（二）风　险

PPP 是一种新生事物，我国政府、社会资本在普遍缺乏经验的情况下参与其中，该模式在实践应用当中也遇到了诸多实际问题，许多项目甚至宣告合作失败。在 PPP 模式下，各个合作方均会不同程度地面临风险，而风险的分担并不是一纸合约就能够约定的。从企业面临风险的角度讲，PPP 项目涉及的政策比较多，由于我国尚处于起步阶段，相应的政策还有待进一步完善。此外，政府具有极其多元、复杂的目标，并且拥有广泛的资源及政治权威，这将增加 PPP 合同执行和修改的复杂性以及对未来的不可预期。此外，前后任政府的政策延续、上下级政府的政策共享等问题会在一定程度上增加企业生产经营的不确定性，从而加大企业的风险。从政府面临风险的角度讲，由于政府不允许基本公共服务提供失败，所以很难将企业应该承担的风险成功转移到企业肩上，收益与风险的不对称使政府处于被动地位，不利于平等的伙伴关系共建。一直以来我们认为公共部门由于产权原因比私人部门更无视风险，但是，该观点并不能得到科学有效的证明。事实恰恰与我们惯常的刻板印象相反，企业关注新机遇多于风险。而政府比企业更畏惧风险，其原因在于政府着重持续拥有公共资源的配置权。[10]构建有关 PPP 的风险评估机制能够量化合作各方的风险和收益，有助于实现政府、社会自治力量与私营部门之间的收益与风险共担，是大势所趋。然而在评估机制的设立过程中有三点不容忽视：首先，在评估的过程中要兼顾各个利益主体包括政府、社会力量以及公众的利益，在弘扬社会公共利益的前提下，尽量不让任何一方的利益受损；其次，评估机制要广开言路，将公众吸纳进 PPP 评估体系，充分听取和尊重公众的意见，维护公共利益；最后，也是最重要的一点，风险评估组织应该是独立于政府的第三方机构，只有这样才能保证评估的客观中立。PPP 评估体系体现了合作各方的平等、独立，使用统一的价值尺度对风险和收益进行评价。在评价的过程中，伙伴之间就延续性、协调性、适应性、集体选择的方式、利益的权衡取舍进行调整，各个伙伴达成一致或尽量一致，以此减少伙伴间的冲突并提高合作意向。无论是公共决策还是私人决策，严格的使用全体一致原则是个人确保其他参与者的行动不给自己造成成本的唯一方法。[11] 风险评估机制在充分照顾各方利益的同时，使合作各方的共同利益更趋向于公共利益。

（三）复杂性

当前政府以市场化的方法提供公共服务的模式挑战了传统的公共价值观。[12] 尽管普遍认识到公共价值的重要性，方兴未艾的 PPP 模式依然被寄予了更多社会治理改革创新的希望。本届政府把大力推行 PPP 作为公共部门更新和改革的工具，反映了一个对国家适当角色的重新评价与定位。越来越多的社会力量参与国家治理，以及 PPP 对传统公共价值的挑战使该模式变得更加复杂。目前 PPP 在我国尚处于探索阶段，相关政策的缺失使得现有制度无法涵盖该机制运行的每一个方面，在实践操作当中矛盾频出。PPP 涉及国家的投融资、招投标、项目管理、移交运营、专业技术、社会治理等法律以及政策体系。其中，投融资模式选择、风险收益分担、监管、技术等重要方面皆与项目本身的建设条件、禀赋等因素息息相关。各个 PPP 之间可以借鉴但不能完全照搬，这为自利的机会主义创造了机会。与任何一种人们自愿形成的关系相比，人类道德在一个政治的或集体的相互作用中受到更严峻的考验，个人的道德能力可能被逐渐消耗掉，机会主义的自利行为可能会重新出现。[13] PPP 在未来的运行当中，其合同纠纷会层出不穷，就目前看，政府或法院不具备相应的能力仲裁 PPP 模式下极具专业性的纠纷，我们需要一个专门的仲裁部门来处理此类问题，构建 PPP 的仲裁机制似乎是不可避免的发展趋势。然而在仲裁机制的设立过程中有三点不容忽视：首先，需要仲裁机构的工作人员具备相应的法律知识和执法经验，避免恣意专断，仲裁的规范化与国际化直接影响我国 PPP 的发展前景以及吸引外资的能力。其次，与其他法律制度相比，仲裁的严谨性并不突出，仲裁的好坏直接取决于仲裁机构工作人员的好坏，重视仲裁人员的职业操守就是重视仲裁机制本身。最后，仲裁机构作为事后补救机制，尽管无法减少 PPP 纠纷的数量，但是该机制能够使合作各方的责权得到有效确认，还可以就各方的妥协性、连续性、协调性、适应性、公平性、共同利益和集体选择等公共价值元素进行适当的引导，将其引导到公共利益的轨道上来。尤为关键的是，为下一步的问责打下基础。

（四）问 责

在不同的国家以及同一国家的不同地域，公共政策的制度安排以及公私责任分担权重存在极大差异。像中国这样高度集中、以中国特色的社会主义市场经济为导向的国家,中央政府往往主导着地方政府、社会力量以及私营部门的活动。由于我国幅员辽阔,各地域的情况千差万别,社会治理的地方性差异以及行政层级差异往往被忽视,而这种差异性的存在还会导致已经签过的合同难以执行。PPP 是经济新常态下混合所有制改革的具体实践,由于改革之初很多制度尚处于待完善阶段,这也正是最易滋生腐败的阶段,对腐败的问责和监管也要与时俱进。此外,个人在集体选择中的理性不如在个体选择中的理性,是因为个人对最终结果负责的程度不同,[14]而问责制刚好可以解决集体选择中的个人理性问题。如果设立一个简单纯粹的问责机制将会在一定程度上减少公私伙伴之间的纠纷,让合作各方各尽其职、各负其责。"推卸责任""寻租腐败"将会变得比以往更困难,甚至会"自食其果"。[15]问责制对于控制腐败是至关重要的,无论是民主制还是独裁制国家都有可能非常腐败。然而,构建 PPP 多元问责机制可能会面临两个严峻的挑战。首先,在实践当中理想的政府与公众之间清晰高效的问责机制由于现实的复杂多样而变得支离破碎,使问责之路变得苦难重重,问责的执行通常是公众关注的焦点,为了给公众一个满意的交代往往会使问责变得更空洞、更脆弱、离事实真相更远,这就从根本上失去了问责的意义;其次,如果想要发挥问责机制的民主潜力,那么信息要有一定的开放度和透明度。路易斯·布兰代斯有一句著名的判词曾经风靡天下:"阳光是最好的消毒剂;而电灯则是最有效的警察"。促进政府政务公开,让公众获得更多的行政资料是确保实现政府责任与维系行政伦理水准的重要途径。[16]一个有关PPP 的全面信息发布机制将有助于培养公众参与公共事务的意识,从而鼓励公众参与问责并对政府进行有效监督,抵制公务人员腐败。PPP 如果将问责机制运用得当可以在一定程度上催生新民主机制、减少政府腐败,促进公共利益。

四、治理和国家项目的未来

基层财政困难问题继 1994 年分税制改革以后逐渐凸显出来,于 2000 年前后以矛盾爆发的形式集中反映出来。1995 年,全国 2 159 个县级财政中,有赤字的仅为 132 个,占比 6.1%;至 1999 年,全国 2 030 个县级单位中,有赤字的县达到 706 个,财政补贴县 914 个,两者共计 1 620 个,占比达到 80% 以上,[17]数字不可谓不触目惊心。而公共服务的水平取决于财政支持,"巧妇难为无米之炊"。公众想在不增税的前提下要求政府改善公共服务,使得政府除了充分探索 PPP 的潜在效率节约之外别无选择。尽管目前确实存在一些 PPP 的失败案例,却并未阻止该合作模式参与到更多的公共服务领域。而财政支持下的公共服务能否取得预期效果又是另一个值得关注的问题，它与整个治理体系的改革息息相关。加强和创新社会治理变革，提升治理绩效、改善民生，迫切地需要机制和观念的转变创新。事实上，如果政府提供的服务标准不能与可获得的财政资源相匹配，那么这会进一步挫伤纳税人的纳税遵从，纳税人会质疑，从而导致政府财政压力更大、用于公共服务提供方面的可支配资源更为有限。

PPP扩散到曾经被视为传统公共部门核心服务的政策领域，例如水利设施、市政设施、交通设施、公共服务、资源环境等，它可能成为一种主流的治理工具，这在一定程度上已经引发了关于国家、社会力量在参与公共服务提供过程中所应承担的角色讨论。政府必须严肃地面对而不是回避有关政府与社会、市场的角色与责任的基本问题。市场作用不可忽视，应该加强并尊重市场的自发调节，在处理"市场失灵"的时候政府应该较以往更强有力，并尽量避免在干预市场失灵的同时自己也失灵。官僚机构的效率低下使得治理改革势在必行，然而市场不能完全取代政府。如果市场离开政府，那么市场马上就会失灵。私有化是一种尝试，但是私有化不是万能药，不能解决当前我们面临的所有问题。治理变革的政治风险给我们留下了只有PPP才是唯一有价值改革的印象，这也是当前国有企业改革和混合所有制发展的良机。公共领域的未来几十年重建和改革显得任重而道远、步履维艰，我们理应做好并继续前行。

政府的角色错位会使其深陷利益的泥潭无法自拔，如果它既是政策的制定者又是政策的执行者、既是公共服务的出资人又是公共服务的融资者、既是项目的合作方又是合同纠纷的调解人，那么政府很难独善其身。政府责任意味着国家将继续以最小的成本尽最大的可能承担公民要求它们承担的广泛而多种多样的任务。那么，政府应该在哪些方面有所作为？并能在财政开支有限的情况下尽最大的可能提供基本公共服务呢？由图2可以看到，我国交通运输业领域的财政投入增长比例远远大于全年财政收入的增长比例，充分显示出基础设施建设需求强劲，而PPP有利于那些大型的、超长期建设的基础设施；教育领域的财政投入增长比例在2011年、2012年与财政收入的增长比例尚属匹配，而在2013年、2014年急剧下降，已经无法跟上财政收入增长的脚步，这并不是说我们的教育投入已经足够，而是在现有财政资源有限、其他领域对财政投入的需求更紧迫的情况下的权宜之举；医疗卫生支出领域的财政投入增长比例与全年财政收入的增长比例基本相当，而我国正进入老龄化阶段，当前60岁以上人口为2.1亿，占人口总数的15.5%，根据预测，2020年60岁以上人口占比将达到19.3%，2050年将达到38.6%。可以这样说，在不远的将来，医疗卫生支出需求将呈现爆发式增长的趋势，公共医疗问题不可小觑，在医疗卫生领域适当地推进PPP迫在眉睫。在当前的背景下，引进PPP可以满足国内的大型基础设施建设需求，可以弥补当前的教育投入不足，可以改善基本公共医疗服务，满足老龄化社会对公共医疗服务的需求。额外引入的社会资源应该可以显著提高公众认可的服务标准，并以此重建政府的公信力。理想是丰满的，现实是否同样丰满还需要拭目以待，新一代领导集体面对经济新常态这一空前艰巨的历史阶段，虽然加快了公共部门改革的步伐，但依然步履维艰。如果若干年后，财政资金与PPP模式下的社会资金持续投入，而公众认为有些公共服务仍不能提供或提供失败，也就是说公共支出增加却产生相对较低的输出，那么将会引起一个重大的政治反弹，这是最值得我们深思的所在。

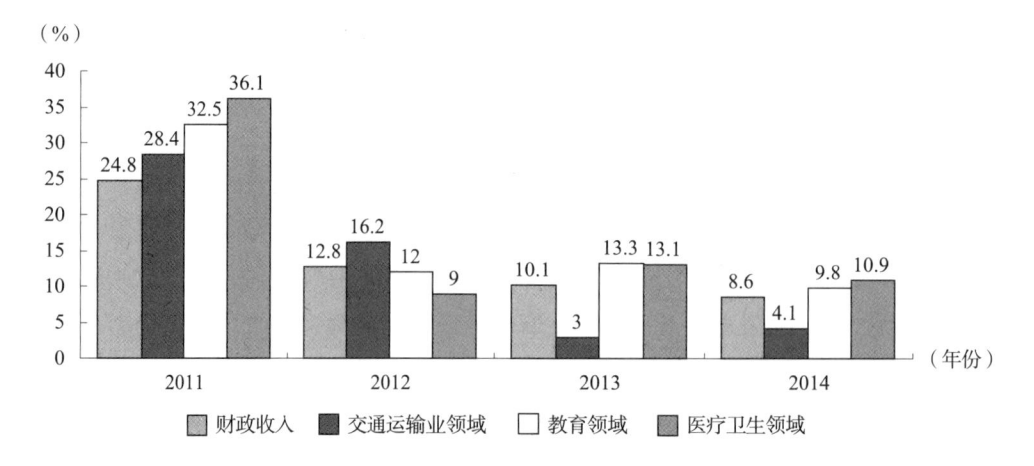

图2　2011—2014年我国财政收入、交通运输业领域、教育领域、医疗卫生领域的增长变化对比

数据来源：2011年全国公共财政收支整理、2012年全国公共财政收支整理、2013年全国公共财政收支整理、2014年全国公共财政收支整理《中国财政》。

五、结论：以开放的胸襟拥抱PPP

PPP模式部分违背了我国的核心政治原则，如承诺普遍均等的公共服务、公共服务的精神以及在某些核心公共服务领域拒绝盈利。尽管如此，仍然不能动摇我们大力推广PPP的坚定决心，有关公共利益的权衡取舍一定会存在，比如从某一角度来说公共利益是受损的，而从另一个角度来说公共利益却可能得到了弘扬。我们要做的是努力提升公众的福利，让老百姓实实在在的受益。

PPP模式存在两个固有的政治悖论。第一，过去公共部门所独有的权力如今已经跟社会力量共同分享，这样做不可避免地削弱了公共部门的直接控制力。值得探讨的是公共利益更依赖于市场还是"不算经济账"的政府。市场缺陷论告诉我们，即使市场在外力控制下完美运作，仍然可能存在缺陷，比如宏观经济失衡、厂商逐利行为导致的短期行为、收入分配不公以及外部负效应等，也就是说 PPP 走市场化道路并不是完全可以靠得住。第二，政府的宪政改革包括提高政府的开放度、透明度和问责制。我们知道 PPP 在合作的过程中会破坏这些规则，比如私营部门的商业机密会限制开放、政府的很多正式和非正式规则也会在一定程度上破坏透明度，该机制造成伙伴间关系脆弱是问责制最大的掣肘，这最后一点提出了一个更为基本的问题——如果不能对 PPP 进行有效的监督和管理，该机制就会丧失为公众提供公共利益的合法性。PPP 的评估机制、仲裁机制和问责机制在我国目前尚属空白。评估机制可以量化合作各方的风险和收益，仲裁机制使合作各方的权益得到有效确认，问责机制使合作各方都能更好地承担相应的责任，但前提是评估机制、仲裁机制和问责机制不能抑制 PPP 的灵活度和自由度。很显然，用市场的方式运行 PPP 未必靠得住，用民主的方式调和 PPP 将会带来更多的问题，但我们依然乐观地坚信在民主的框架下构建 PPP 运行机制更有利于实现公共利益。

有关 PPP 模式运行面临的挑战。我们要避免以长期巨额成本为代价换取短期收益的短视行为，而 PPP 可能会带来一个类似的问题。评估机构、仲裁机制和问责机制的缺失可能意味着 PPP 在不远的未来会产生不可预计的重大成本。这一预想意味着：首先，需要对 PPP 进行广泛而审慎的研究和分析，找出适合 PPP 的合理性原因，区分哪些领域适合而哪些领域并不合适。其次，由政府原因造成的 PPP 失败案例以及由此衍生的公共信任危机，使得严格把关政府与社会资本合作成为大力推进PPP 的必要前提。这些把关措施包括风险与收益、公正与效率、责任与权益分担、政府与社会力量的目标融合程度。这些变量之间的权衡取舍通常被描绘为一个零和博弈关系，其中一个变量的增加（例如，风险）必然会带来另一个变量的减少（例如，收益）。可以这样认为，政府在选择 PPP 的时候要做出权衡，会优先考虑那些符合公共利益的价值。而实际上，如果设计合理，这些变量之间也可以是正和博弈。未来我们面临的主要挑战在于监督 PPP 的评估机制、仲裁机制和问责机制是如何被设计出来的。

将 PPP 引入公共服务提供领域无疑是一个极具争议性和潜在风险的政治策略，政府已经部分背离了要实现公共利益的初衷。而推行 PPP 恰恰是政府在现有财政难以满足公众对公共服务需求的现实情况下的无奈之举，这一事实使得政府很难放弃 PPP 作为代表政府有关核心公共服务的现代化议程。可以建议政府在越来越多的政策领域致力于促进 PPP 的有序进行，以 PPP 的发展带动当前的混合所有制改革，公众参与跟 PPP 配套的公共政策——评估机制、仲裁机制和问责机制——亟待出台，在关注效率提升的同时更多地关注公共利益，始终将民生这一政府责任作为治理改革的核心目标。当前 PPP 模式尚属新生事物，相关政策和制度的缺失使该机制运行起来如履薄冰，稍有不慎就会触礁。尽管如此，我们依然要在总结前人经验教训的基础上以开放的胸襟拥抱 PPP，大刀阔斧地积极推进 PPP。

参考文献：

[1] Bovaird T. Public – private partnerships：from contested concepts to prevalent practice [J]. International Review of Administrative Sciences，2004，70（2）.

[2] Derick W. B., Jennifer M. B. Public – private partnerships：perspectives on purposes, publicness, and good governance [J]. Public Administration，2011，31（12）.

[3] 国家发展改革委讯. 国家发展改革委发布政府和社会资本合作推介项目 [EB/OL]. [2015 – 05 – 25]. http：//zys. ndrc. gov. cn/xwfb/201505/t20150525_ 693162. html.

[4] Spackman M. Public – private partnerships：lessons from the British approach [J]. Economic Systems，2002，26（3）.

[5] Maskin E., Tirole T. Public – private partnerships and Government Spending Limits [J]. International Journal of Industrial Organization，2008，26（2）.

[6] [美] 詹姆斯·M. 布坎南，理查德德·A. 马斯格雷夫. 公共财政与公共选择：两种截然不同的国家观 [M]. 类承曜，译. 北京：中国财政经济出版社，2000.

[7] [美] 戴维·H. 罗森布鲁姆，等. 公共行政学：管理、政治和法律的途径 [M]. 张成福，等，译. 北京：中国人民大学出版社，2007. 美国最高法院对"移民与归化局诉查达"一案的判词.

[8] Bozeman B., Reed P., Scott P. Red Tape and Task Delays in Public and Private Organizations [J]. Administration and Society，1992，24（3）.

[9] [美] 詹姆斯·M. 布坎南. 自由、市场和国家：80 年代的政治经济学 [M]. 吴良健，译. 北京：北京经济学院出版社，1989.

[10] Bozeman B., Kingsley G. Risk Culture in Public and private organizations [J]. Public Administration Review，1998，58（2）.

[11] [美] 詹姆斯·M. 布坎南，戈登·塔洛克. 同意的计算——立宪民主的逻辑基础 [M]. 陈光金，译. 北京：中国社会科学出版社，2000.

[12] Beck T., Bozeman B. Public Values：An Inventory [J]. Administration and Society，2007，39（3）.

[13] Hood C. The risk game and the blame game [J]. Government and Opposition，2002，37（1）.

[14] 贾康,等. 全面深化财税体制改革之路 [M]. 北京：人民出版社, 2015.

[15] Braithwaite V., Ahmed E. A threat to tax morale: The case of Australian higher education policy [J]. Journal of Economic Psychology, 2005, 26 (4).

[16] 人社部. 我国退休年龄全球最早将逐步延迟 [EB/OL]. 人民网, [2015 - 10 - 15]. http://finance.people.com.cn/n/2015/1015/c1004 - 27701024.html.

[17] [美] 约瑟夫·斯蒂格利茨. 社会主义向何处去 [M]. 周立群,等,译. 长春：吉林人民出版社, 1998.

关于组织诚信文化建设现状及其完善机制的思考

廉 茵[*]

（对外经济贸易大学　公共管理学院，北京　100029）

摘　要：在信息技术迅速发展、组织环境急剧变化的今天，构建组织诚信文化是企业健康有序发展的基本准则，是组织能否具有竞争力的关键。国务院颁布的《社会信用体系建设规划纲要》，明确提出了到2020年社会组织诚信建设的目标任务，这对于加强社会组织自身建设、促进社会组织健康有序发展具有重要作用。我国经济生活中失信失范的现象日益严重，信用缺失已经成为制约社会经济健康持续发展的最大障碍。组织诚信文化建设业已成为组织可持续发展的重要因素。本文拟就目前组织诚信文化存在的诸多问题进行分析，试图从如何树立诚信理念出发，探讨构建组织诚信文化的对策，赢得组织可持续发展。

关键词：组织文化；组织诚信文化；组织诚信文化建设

在中国，儒家"五常"指的是仁、义、礼、智、信。信者，人言也。信是中国价值体系中的最核心因素。诚信伦理是中华民族的传统美德，也是组织的道德基础。诚信理念是组织文化建设的重点。国务院颁布的《社会信用体系建设规划纲要》明确提出了到2020年社会组织诚信建设的目标任务，这对于加强社会组织自身建设、促进社会组织健康有序发展具有重要作用。在社会主义市场经济中，随着市场经济的发展、市场竞争的日益激烈，组织经营中存在的不诚信现象日益凸显。经营行为的短视、经营理念的冲突导致组织在生产经营方面的失衡。对内扣押、拖欠员工工资，欺骗员工发布虚假信息；对外经营行为不规范、组织间相互拖欠、组织合同违

---

[*] 作者简介：廉茵（1965—），女，吉林长春人，对外经济贸易大学公共管理学院教师，主要从事组织行为及人力资源管理研究。

约率高、虚假广告等商业信用、金融信用缺失，使得不诚信经营现象愈发严重。市场经济体制不够成熟、思想道德建设滞后、法律约束乏力、政府行为不规范以及消费者维权艰难等是导致这种想象愈演愈烈的主要原因。

一、组织诚信文化建设的基本内涵及意义

组织文化（Organizational Culture）又称企业文化（Corporate Culture），是组织在长期的社会生产经营活动中创造的具有该组织或企业特殊的观念形态文化、制度形态文化和物质形态文化的总称。是一个组织由其价值观、信念、仪式、符号、处事方式等组成的其特有的文化形式。组织文化集中体现了一个企业经营管理的核心主张，是一个组织综合实力的体现。

组织诚信文化是一种从事经济活动的组织之中形成的组织文化。它所包含的价值观念、行为准则等意识形态和物质形态均为该组织成员所共同认可。[1]

组织文化理论自20世纪80年代从管理科学理论中分化出来，在美国、日本等组织实施了一种新的管理革命，即把组织文化上升为一种以人为中心，面向员工，视组织生存为基础、核心的新的管理理论。以此为借鉴，这种新的管理理论业已成为我国组织走向市场、参与市场竞争、特别是参与国际市场竞争的必然选择，而在组织文化建设中居核心地位的则是组织诚信文化建设。

组织诚信文化建设是指组织文化相关的理念的形成、塑造、传播等过程，是进一步弘扬组织文化、树立其正面形象、增强员工归属感的必需。加强组织文化建设有助于员工形成共同的价值观，增强企业的凝聚力，构建和谐企业，使企业在激烈的市场竞争中实现可持续发展。[2]

组织诚信文化是组织在长期的生产经营活动中逐步形成并为组织员工认同的经营理念、价值观念和行为准则，是完善社会主义市场经济体制的迫切要求。诚信文化成为企业文化的重要组成部分，体现在企业经营活动的方方面面，其核心要求是诚实守信、言行一致。可以说组织诚信文化是一种管理文化，是组织处理内外关系的基本道德规范，其实质是对顾客、员工、社会履行其契约的责任，也是组织间建立信任、实现横向交往的基础，是组织良性循环的保障。[3]

组织诚信文化建设是提高组织竞争力的行为准则，组织诚信文化有利于组织利润最大化；有利于调动员工的积极性，提高其工作效率；有利于提高组织的声誉，树立良好的组织形象；更有利于增强组织的社会责任感，促进组织可持续发展。更为重要的是组织诚信文化建设是转变社会组织管理方式的有效手段。既要发挥政府

各部门综合监管效能，又要畅通社会监督渠道，发挥社会组织自律作用；既要坚持依法管理，加强法律保障，又要运用诚信自律、道德约束等方式化解矛盾、解决问题。

二、组织诚信的内容、现状及成因分析

组织诚信主要包括对消费者的诚信、组织之间的诚信以及组织对员工的诚信。也有人认为名牌就是信誉。员工和消费者等利益关系人现在正受到复杂、有活力的商业经营环境的挑战。想发挥忠诚和竞争优势的组织最关注的就是消费者和员工。[4]美国劳动统计局（Bureau of Labor Statistics）调查显示：员工的平均雇用期不到五年。研究证明：员工雇用期导致员工忠诚和更多的利润，为消费者创造更好的价值并且能够留住更多的消费者。在当前组织竞争环境下，在巨大经济收益的诱惑下，人们总是乐于选择成本低的失信行为作为自己的牟利手段，诚信文化在膨胀的利益欲望面前不堪一击。当经济利益与诚信文化发生矛盾时，许多人倾向于选择经济利益，而将诚信摆在次要的位置。事实上，员工关系建设对员工来说意义重大，与员工建立一种满意的关系不仅仅是为员工提供一份工作，员工每天都在为工作做准备、工作或在上下班的路途中（特别是一线大城市），其"对工作的满足感"在员工按价值对工作回报进行分类中始终被排在第一位。[5]有人认为市场经济体制不成熟，思想道德建设滞后、缺乏法律约束力、政府行为不规范以及消费者维权艰难等是导致组织不诚信经营行为的主要原因。[6]其主要表现包括：与社会信用管理相关的专门法律体系尚未建立；诚信数据的采集与信用数据库的建立还处在起步阶段；信用服务中介机构的发展缺乏制度支持与规制；对非诚信行为的控制缺乏约束力；现有道德体系无法适应价值多元化、利益格局多元化的需要。

三、组织诚信文化建设的途径

（1）加强社会组织规范化建设，规范组织行为。建立以章程为核心的内部管理制度，完善内部组织架构。将诚信建设内容纳入社会组织章程。规范社会组织服务和收费行为。引导社会组织重视人才队伍建设，提高工作人员专业化、职业化水平，加大对社会组织违法违规行为的查处力度。

（2）推动社会组织建立健全信息公开，健全社会组织信息公开制度。推动广大社会组织不断丰富信息公开内容，扩大信息公开范围，创新信息公开方式。

（3）建立组织诚信评价体系，完善社会组织等级评估制度。完善各类社会组织评估指标体系，完善社会组织评估工作办法，推动各地建立第三方评估机制。

（4）建立科学规范的组织信用奖惩机制。建立多部门、跨地区的社会组织信用奖惩联动机制，使守信者处处受益、失信者寸步难行。

四、组织诚信文化建设的建议

（1）加强组织内部诚信文化建设，提高诚实守信意识。在全面推进组织信用体系建设中，必须从加强诚实守信道德教育入手，全面提高组织诚实守信的道德素质，大力弘扬信用文化。把诚实守信作为做人的基本准则，不断培育信用文化，让诚实守信成为组织的核心文化。

（2）对消费者诚实守信，与客户建立诚信的合作关系。从建立产品诚信、服务诚信、销售诚信和竞争诚信入手，与客户建立诚信的合作关系，重合同，守信用；为消费者提供最好的产品、最优的服务、最合适的价格和最满意的表现。推动组织间的进步，维持市场经济的秩序。

（3）建立诚信监督管理和失信惩戒机制，对失信者或失信行为予以惩戒，加强对组织行为的监管，建立企业信用"红黑榜"公示制度。

参考文献：

[1] 刘光明. 企业文化［M］. 北京：经济管理出版社，2006.

[2] 钱立洁. 诚信文化——提纲企业竞争力的行为准则［J］. 企业经济，2008（8）.

[3] 杨婧. 论我国企业诚信文化建设［J］. 哈尔滨工程大学学报，2006.

[4] 周从标. 全球化背景下思想政治教育创新研究［M］. 北京：中国社会科学出版社，2005.

[5] 张维迎. 产权、政府与信誉［M］. 北京：生活·读书·新知三联书店，2001.

[6] 蔡臻欣. 我国企业信用确实相当严重［EB/OL］. 人民网，2005 - 12 - 15.

新时期公共部门和工商部门在人力资源管理上的比较

张 国[*]

(北京交通大学 中国产业安全研究中心博士后科研工作站,北京 100044)

摘 要:在新时期,人力资源管理对中国公共部门和工商部门的可持续发展来说是至关重要的。在人力资源管理方面,公共部门和工商部门既有共同之处,也存在显著的差异。在实践中,两者之间应当相互学习,相互促进,取长补短,以期取得良好的工作成效。

关键词:公共部门;工商部门;人力资源管理;比较研究

在当今世界,国家和地区之间的竞争归根结底是人才之间的竞争。中国要想在新一轮的国际竞争中占得先机,顺利实现中华民族的伟大复兴,就必须高度重视人才方面的工作。其中,作为人才工作的一个重要方面,人力资源管理工作也必须得到进一步的加强和改进。在现实社会中,人力资源管理主要包含公共部门人力资源管理和工商部门人力资源管理两个大的方面。对这两大部门的人力资源管理开展理论上多方面的比较研究,认真总结两者之间的相同和不同之处,必将有助于它们在实践工作中的相互学习和相互促进,进一步提升工作的成效。

一、对公共部门和工商部门的简介

在现实中,公共部门是与私人部门即工商部门相对而言的。所谓公共部门,是指以公共权力为基础,并以实现公共利益为目标的公共组织。这里主要用来指以国

---

[*] 作者简介:张国(1977—),男,汉族,江苏徐州人,法学博士,北京交通大学中国产业安全研究中心博士后科研工作站在站博士后,主要从事思想政治教育、企业人力资源、创造学等方面的教学和科研工作。

家行政部门为主的公共组织,其中也包括事业单位。[1]在此,需要指出的一点就是,国有企业和承担某些公共事务管理职能的中介组织也可以归入公共部门的范围之内。私人部门或工商部门则是以追求本部门经济利益最大化为根本目的的组织,其内部在发展的过程中对公共利益的重视程度是有差异性的,在不少情况下,它们还会为了自身的利益而在一定程度上侵害社会公共利益。

二、对人力资源管理的界定及分类

人力资源管理是从经济学的角度来指导和进行的人事管理活动,即人力资源管理是在经济学理论和人本思想的指导下,通过招聘、选拔、培训、绩效考评、合同管理与薪资管理等对组织内外相关人力资源进行有效运用,满足组织当前及长远发展的需要,保证组织目标的实现与成员职业发展的顺利。根据对象范围,人力资源管理可以划分为个体、群体、组织、国家与国际等不同的层面。[2]根据其追求和维护利益的不同,人力资源管理可以分为公共部门人力资源管理和工商部门即私人部门人力资源管理。要研究公共部门人力资源管理,首先得对公共部门人力资源有所了解和把握。所谓公共部门人力资源,就是公共部门雇用的各类人员,也就是政府机构、事业单位、公共企业和非政府机构雇用的各类人员。[3]所谓公共部门人力资源管理,是指公共部门依照宪法和其他法律的规定对本部门的人力资源进行规划、获取、维持和开发等具体的管理活动。它包括政府部门人力资源管理和第三部门人力资源管理这两个组成部分。[4]可以说,公共部门人力资源管理是为了实现社会公共利益而进行的,通过发挥本部门人力资源的重要作用而为社会公众提供优质的公共产品和服务。而工商部门人力资源管理,则是在遵守国家法律法规的前提之下,依据组织生存和发展的具体目标对组织内部的人力资源进行规划、获取、维持、开发等具体的管理活动,以便能够推动本组织实现经济利益的最大化。

三、公共部门人力资源管理和工商部门人力资源管理的相同点

作为整个社会人力资源管理的一个重要组成部分,公共部门人力资源管理与工商部门人力资源管理存在着许多共同的地方,两者之间有许多相似之处。这些共同点主要体现在以下几个方面。

(一)两者都要追求效率

在现实社会中,无论是工商部门人力资源管理,还是公共部门人力资源管理,

都是要讲究和追求管理的高效率。只有在提高管理效率的基础上，公共部门在工作中才有可能实现更好的社会效益，而工商部门的经济效益才有可能实现最大化。在新的时期，为了进一步提高中国人力资源管理的效率，工商部门和公共部门都要在人力资源管理的电子化和网络化方面继续提升自己。可以说，在电子化和网络化的有利环境下，有关人力资源方面的信息能够以更快的速度在各个相关部门之间进行传输，无论是管理者，还是管理对象都能够比较容易地得到这些相关的信息，这样，他们之间就可以进行及时的沟通和交流。因此，人力资源管理的电子化和网络化，能够降低办公的成本，提高工作的效率，强化公职人员之间的沟通与联系，最终提升管理的效率。[5]在这一点上，需要指出的是，公共部门，尤其是政府部门应当大力推进对公职人员管理中的信息化和网络化，这样既有利于节约型政府的建设，同时也有助于提高政府中公职人员管理的公开透明性。在当代中国，公共部门人力资源管理中的电子化和网络化建设，能够使全体国民及时地了解为他们提供公共服务的工作人员的职业发展状况，有利于国民对公共部门人事变动情况进行有效的监督，从而增强双方之间的互动和交流。

（二）两者都应当坚持以人为本的原则

随着经济的发展和社会的进步，无论是工商部门人力资源管理，还是公共部门人力资源管理，都应当坚持以人为本的基本原则。以人为本是科学发展观的核心，只有坚持以人为本这一基本的原则，才能够实现人力资源管理方面的可持续发展。在人力资源的管理中坚持以人为本的原则，主要就是要实行人本管理。人本管理的核心就是把人的因素当作管理的首要因素，尊重员工的实际需要，注重员工的职业发展，把组织目标与员工的个人目标有机地结合起来，依靠发挥员工的主动性、积极性和创造性来推动组织目标的实现。[6]在当代中国，无论是公共部门人力资源的管理，还是工商部门人力资源管理，都远未达到人本管理的基本要求和水平。在公共部门，尤其是在政府部门的人力资源管理中，虽然管理制度已经比较健全，但是对他们职业生涯发展的具体规划还相对欠缺。在部门员工难以跨越职业升迁门槛的情况下，公共部门人力资源管理就很难避免这些员工职业倦怠情况的发生。在这种情况下，调动他们工作的积极性和主动性的难度就显著加大了。在工商部门，其人力资源的管理大多侧重于最大限度地发挥员工为本部门创造经济价值或物质财富的潜力，而较少考虑他们身心的实际健康状况，有时甚至以牺牲员工的生命为代价来换取本部门利润的最终实现。例如，前几年富士康员工的接连跳楼事件和华为员工过劳死的情况就很好地说明了这一点。从长远来看，工商部门在人力资源管理方面的这种思想和行为对于它们自身的可持续发展是极其不利的。科学发展不仅是对政府的基本要求，也是对企业和企业管理者的基本要求。当前，企业如何从单纯重视经济效益提升转变为同时注重社会责任的履行，注重本单位员工的成长和发展，是每一个企业管理者应当着重思考的问题。[7]在新时期中国的人力资源管理实践中，无论是公共部门，还是工商部门，都应当按照人本管理的精神来开展人力资源方面的工作，真正地把员工当人看，更加关注员工的职业发展和身心健康，真正实现组织和员工两者之间的共赢。

（三）两者相互促进

在人力资源管理的实践中，公共部门和工商部门应当是相互促进的。一方面，在公共部门的人力资源开发过程中，就应该主动地研究企业人力资源管理的经验，整合两者的共性，借鉴企业人力资源管理的部分有益经验。在公共部门人力资源管理的过程中，可以引进企业化的管理方式，用企业家精神去改造公共部门人力资源开发的现行体制，寻求提升效率的有效措施。[8]在当代中国的公共部门，尤其是政府部门的人力资源管理中，应当积极借鉴工商部门对员工的激励机制，以便能够调动员工工作的积极性、主动性和创造性，切实克服人浮于事、得过且过的消极倦怠的工作状态。另一方面，工商部门也要积极地学习和借鉴公共部门人力资源管理方面一些好的经验和具体做法，努力提升自身人力资源管理方面的制度化和正规化水平，不断提升本部门员工的福利待遇，从而进一步提高这些员工对本部门的归属感。为了达到在人力资源管理方面相互学习和借鉴的目的，公共部门和工商部门应当定期召开专题性的座谈会或者互派人员参观交流，从而提高人力资源管理方面相互学习的针对性和实效性。

（四）都要致力于学习型组织或部门的建设

在新的时期，为了适应知识更新速度日益加快的严峻挑战，社会中公共部门和工商部门的人力资源建设都应当致力于学习型组织的建设，不断地提高本部门内部员工各个方面的能力和素质，从而使得他们能够比较从容地应对本职工作中出现的一系列困难和挑战。一方面，21世纪的公共部门必须拥有很强的学习精神，大力实施文化创新，建立一个能够不断突破自我的学习型组织，才能适应新环境的挑战。公共部门必须高度重视教育培训工作，通过经常性的教育培训来提升员工的思想政治素质和业务素质，进一步改善公共部门从业人员的专业结构，使其更为科学合理。[9]另一方面，工商部门人力资源管理，也要通过组织部门内部员工的教育培训以提高本部门的自我学习能力，从而推动本部门积极地向学习型组织的方向靠拢。在学习型组织建设的过程中，无论是公共部门，还是工商部门，除了要依靠自身的力量外，还要积极借助高校和科研院所，尤其要借助高校的力量来努力增强本部门员工各方面的能力与素质。在这一点上，公共部门中的政府机关和工商部门中实力雄厚的大企业做得相对比较好些，而公共部门中的第三部门和工商部门内的中小企业在这方面的情况则很不乐观。鉴于第三部门和中小企业在经济和社会发展中的不可或缺性，党和政府应当高度重视这些部门学习型组织建设的具体进展情况。为此，政府部门应当出台相应的政策并提供一定数量的资金来扶持第三部门和中小型企业员工的培训工作，使得它们在学习型组织的建设方面能够取得突破性的进展。

（五）两者都必须重视员工的职业伦理教育工作

在新的时期，无论是公共部门人力资源管理，还是工商部门人力资源管理，对部门内部员工的职业伦理教育都必须进一步的加强。中国目前虽然还没有关于公务员伦理的法律法规，维持公务员的职业伦理还主要停留在靠党纪和说服教育的层面，但随着以德治国理念逐步的深入人心，公务员的职业伦理总是会越来越受人们的重视。可以肯定的是，如何维持公务员的伦理生活及行为，是今后中国公共部门人力资源管理必须面对的最大挑战之一。[10] 在当代中国，虽然中共中央和国务院正在以前所未有的决心和力度解决各种各样的腐败问题，但是政府官员的贪污腐败问题仍旧处于高发期，针对他们的职业伦理教育仍然任重而道远，要想建成廉洁而高效的政府是不可能在短期内实现的。而在工商部门领域，职业伦理的教育也同样需要大力加强和改进。在调研中发现，企业在生产经营中诚信缺失、恶性竞争和违法犯罪的现象仍旧比较突出，企业员工唯利是图、不择手段、铤而走险等的行为已经突破了公平竞争、合法经营、勤劳致富的行业伦理规范。例如，三鹿奶粉事件、瘦肉精事件、地沟油问题等就突出地反映了工商部门及其员工职业道德素质的欠缺问题。因此，在新时期工商部门的人力资源管理工作中，应当高度重视本部门员工的职业道德教育工作，促使他们在法律和道德许可的范围内开展生产经营活动，并依靠技术革新和服务水平的提高去赢得合法的和应得的利润。与此同时，企业也要履行对社会应尽的一份义务，以力所能及的方式积极回报社会。

四、公共部门和工商部门在人力资源管理上的不同之处

在人力资源的管理实践中，公共部门和工商部门也存在着许多不同之处。在此，

将这些不同之处概括为以下几个方面：

（一）管理主体的特征不同

同工商部门人力资源管理主体相比，公共部门，尤其是政府部门人力资源管理主体具有权威性。在社会现实中，鉴于公共部门一般拥有人民群众所授予的一定的权力，这一部门所进行的人力资源管理工作同工商部门的人力资源工作相比就更为正规和严肃，该部门的人力资源管理工作对员工前途和命运的影响就更大些，也具有更强的社会影响力。有鉴于此，公共部门人力资源管理工作的开展马虎不得，必须深思熟虑，稳妥向前推进，尽量减少争议，在最大限度上凸显公平公正性。

（二）目的不同

同工商部门人力资源管理的目的相比，公共部门人力资源管理具有公益性的目的，也就是说，公共部门人力资源管理是为社会公众的共同利益而服务的。公共部门，尤其是其中的政府机关，在开展工作时，应按照社会的共同利益和人民的意志，从保证公民利益的基本点出发，制定与执行好公共政策。具体到其中的公职人员，他们必须以公共性与公益性作为自身的工作理念，竭诚为广大人民群众服务，并在政策制定与执行的具体过程中，防止部门和个人偏私的利益驱动。[11] 而在现实社会中，工商部门人力资源管理的目的则主要是为自身经济利益的最大化服务的。这一部门中不同的工商企业对社会利益的理解和维护上存在着很大的差异性，有的表现比较出色，能够兼顾经济效益和社会效益；有的则唯利是图，甚至以损害公共利益来实现本部门的利益。

（三）公开性不同

同工商部门人力资源管理相比，公共部门，尤其是政府部门人力资源管理则具有鲜明的公开性。现代公共行政要求政府部门的管理活动必须公开透明，这是加强对公共部门监督的重要途径。人力资源管理作为公共管理的重要内容之一，也体现了公开性的特点。同时，公共部门的人力资源管理制度，要受到社会公众和组织内部成员的监督。[12] 例如，在政府部门干部的升迁中，一般都要向社会公示，在公示期内，广大人民群众可以向组织部门反映相关的一些情况，从而真正发挥出监督的实际作用。在现实社会中，工商部门的人力资源管理则一般不具有公开性，这方面的工作信息有可能是部门内部的商业机密。虽然有些人力资源管理的信息也公开，但是大多局限于组织内部，而不是面向整个社会。

（四）管理对象的差异性

总体而言，同工商部门人力资源管理的对象相比，公共部门人力资源管理对象的能力和素质更高些，同时也更为全面些。在当代中国，要想进入公共部门，尤其是进入政府部门工作，人们必须接受高等教育，而且要通过严格的考试和选拔，这种考试和选拔的淘汰率特别高。据相关部门统计，2009 年国家公务员考试网上报名通过资格审查的人数超过了 104 万，而最终能捧上"金饭碗"的仅有 13 566 人，录用率是 1.3%。[13] 在不考虑各种消极因素的情况下，能够进入公共部门工作的人员大多是社会中的优秀人才。相比较而言，在现实社会中，工商部门内部对员工能力和素质的要求则没有公共部门那么高。当然，工商部门内部之间也存在很大的差异性，大型国企、外企的用人标准一般是要高于国内民营企业，尤其是中小型民营企业的用人标准的。

（五）管理的复杂程度不同

在现实运作中，同工商部门人力资源管理相比，公共部门人力资源管理的复杂程度更高。在公共部门组织中，纵横交错、层层节制的特征十分明显，而且要求在目标、事权和功能配置方面均实现统一。公共部门人力资源管理在权限划分和绩效管理等方面日趋复杂，这是其他任何组织无法相比的。因此，只有合理划分各级公共管理部门、明确其职责范围和建立统一的人力资源管理制度，才有可能实现该部门高效率人力资源管理的目标。[14] 有鉴于此，要想在短期内大幅度地提高公共部门，尤其是政府部门人力资源管理的效率是很难的。在现实社会中，工商部门的结构相对简单些，层次也较少，在人力资源管理中就很难达到公共部门人力资源管理那样的复杂程度。

（六）法制性程度不一样

在当代社会，公共部门人力资源管理同工商部门人力资源管理相比，其法制性是十分突出的。现代社会的法制化，涉及经济发展和社会进步的每个层面，同样也涉及了公共部门的人力资源管理工作。在法制体系比较健全的西方国家，大都颁布了公共部门人力资源管理方面的法律法规，而且已经形成了一套比较成熟的法律体系，这就使得该部门的人力资源管理在有法可依的情况下提高了工作效率。[15] 改革开放以来，中国的公共部门，尤其是政府部门的人力资源管理的法制化水平已经有了很大的提高。但是，中国同这些西方发达国家相比而言，在这方面的差距依旧是存在的，中国继续大力推进这方面法律法规的建设仍旧是必要的。可以说，正是由于专业性、针对性的法律法规的存在和发挥作用，才使得公共部门的人力资源管理更为正规和严肃。在现实社会中，同公共部门人力资源管理相比较，工商部门人力资源管理虽然也要遵循基本的法律法规，但是需要它们遵循的更具针对性的法律法规则是比较少的。

参考文献：

[1] 翟桂萍，苏杨珍. 我国公共部门人力资源管理变迁的趋向分析[J]. 江南社会学院学报，2006（4）.

[2] 萧鸣政. 人力资源开发与管理[M]. 北京：科学出版社，2009.

[3] 章海鸥. 人力资源管理与公共部门人力资源管理关系探讨[J]. 人力资源管理，2010（1）.

[4] 陈天祥. 公共部门人力资源管理及案例教程[M]. 北京：中国人民大学出版社，2011.

[5] 陈彩琴. 公共部门人力资源管理的发展趋势[J]. 人力资源管理，2011（5）.

[6] 杨芯，黄精微，孙良军. 公共部门人力资源管理的特性与发展趋势[J]. 现代经济信息，2008（12）.

[7] 董克用. 我国人力资源管理面临的新环境与新挑战[J]. 中国人力资源开发，2007（12）.

[8] 刘素仙. 公共部门人力资源管理的特殊性及其有效开发[J]. 生产力研究，2007（10）.

[9] 石飞. 我国公共部门人力资源管理现状及对策[J]. 经济师，2009（4）.

[10] 姚建东. 试论公共部门人力资源管理的特性、战略目标和发展趋势[J]. 商场现代化，2008（22）.

[11] 张培建. 我国公共部门人力资源管理的现状及对策[J]. 山东省农业管理干部学院学报，2011（2）.

[12] 杨翔. 我国公共部门人力资源管理的问题与对策[J]. 人力资源管理，2010（5）.

[13] 国家公务员考试今日开考 淘汰率高达98.7%［EB/OL］. 大洋网，[2008-11-30]. http：//www.huaihai.tv/scroll/2008/1130/2008-11-3090969.html.

[14] 宫漫. 公共部门人力资源管理的发展趋势及对策[J]. 中国人才，2009（1）.

[15] 陈春娥，徐博. 我国公共部门人力资源管理问题及对策[J]. 科学与管理，2006（5）.

PPP模式在我国公共文化设施领域适用性的案例研究

邵坚宁[*]

(中国人民大学 公共管理学院，北京 100872)

摘 要：在国家的大力推动下，PPP已成为当前公共设施和公共服务领域最热的运作模式，不少地方政府和行业主管部门跃跃欲试。对于公共文化设施而言，并非所有项目都适合采用PPP模式。文章根据公共产品、公共选择等理论，从PPP模式涉及的主体和对象出发，把公共文化设施PPP项目成功因素分为内因、外因两个大类，并提出了公共文化设施适用PPP模式的四个假设。随后，文章采用案例研究方法逐一验证了这些假设，指出公共文化设施采用PPP项目需具备准公共物品属性、政府部门"有利可图"、私人部门"有利可图"、稳定而大量的受众需求四个基本条件，在一定程度上为文化主管部门分析公共文化设施是否适合PPP模式提供参考。同时，文章还指出，每个公共文化设施项目都有自身特点，建议文化主管部门在具体分析中根据具体情况具体分析。

关键词：PPP；政府和社会资本合作；公私合作；公共文化；案例

一、问题的提出

党的十八届三中全会后，随着财政体制改革的推进，地方政府融资逐渐从隐性债务向显性债务转变，加之经济"新常态"下各地财政收入压力增大，主要依靠财政投入建设公共设施的模式难以为继，政府和社会资本合作模式（Public－Private

---

[*] 作者简介：邵坚宁（1985— ），女，广东郁南人，中级经济师，中国人民大学公共管理学院公共财政与公共政策专业在读博士，研究方向为文化产业政策。

Partnership，以下简称 PPP）逐渐成为我国政府着力推广的一种公共设施和公共服务供给模式。2014 年以来，国务院、财政部、国家发展改革委、中国人民银行等有关部门陆续发布了《关于推广运用政府和社会资本合作模式有关问题的通知》（财金〔2014〕76 号）、《关于政府和社会资本合作示范项目实施有关问题的通知》（财金〔2014〕112 号）、《政府和社会资本合作模式操作指南（试行）》（财金〔2014〕113 号）、《关于创新重点领域投融资机制鼓励社会投资的指导意见》（国发〔2014〕60 号）、《关于开展政府和社会资本合作的指导意见》（发改投资〔2014〕2724 号）、《关于在公共服务领域推广政府和社会资本合作模式指导意见的通知》（国办发〔2015〕42 号）等推广 PPP 模式的文件。继 2014 年 11 月财政部发布了 30 项 PPP 示范项目后，2015 年 5 月，国家发展改革委又发布了 1 043 个 PPP 项目，涉及总投资达 1.97 万亿元。一时间，PPP 成为公共设施和公共服务领域最热的运作模式，不少地方政府和行业主管部门跃跃欲试。

然而，由于公共设施和公共服务门类众多，各领域的项目均有自身特点，在应用 PPP 模式时，宜根据领域和项目特点，选择性地使用。特别是对于公共文化领域而言，文化中心、博物馆、图书馆、美术馆、体育场等公共文化项目与地铁、桥梁、机场、电厂、水厂、污水与垃圾处理等传统 PPP 项目相比，收益和市场需求较为不稳定。公共文化领域在什么情况下可采用 PPP 模式，目前国家有关部门并没有给出相关指引，还有待进一步研究。此外，公共文化设施采用 PPP 模式的案例不多，其中有哪些经验可以借鉴，还需要进一步归纳。为此，本文拟从公共物品、博弈论等理论入手，采用案例研究的方法，对公共文化领域 PPP 模式的适用性问题进行研究，试图回答何种公共文化设施适合采用 PPP 模式的问题，为文化主管部门应用 PPP 模式提供政策参考。

二、文献回顾

PPP（Public – Private Partnership）即公私合作模式，又被我国政府（财金〔2014〕76 号）称为"政府和社会资本合作模式"，是指政府和社会资本在基础设施及公共服务领域建立的一种长期合作关系。通常模式是由社会资本承担设计、建设、运营、维护工作，并通过"使用者付费"及必要的"政府付费"获得合理回报；政府部门负责价格和质量监管，以保证公共利益最大化。此模式最早可追溯至 17 世纪英国领港公会和私人投资者合作建造灯塔的案例[1]，20 世纪中期在英国、美国等西方发达国家逐渐推广开来[2]，在我国的最早应用是 1984 年深圳沙头角 B

电厂基础设施 BOT 项目。30 多年来，PPP 模式在我国的应用逐渐衍生出外包类、特许经营类、私有化类三大类型以及 BOT、TOT 等多种形态[3]，广泛应用于地铁、桥梁、机场、电厂、水厂、污水与垃圾处理等公共设施建设领域。

公共文化设施是在众多公共设施中的一个类别。根据中共中央办公厅、国务院办公厅 2015 年年初发布的《关于加快构建现代公共文化服务体系的意见》，公共文化设施包括文化设施、广电设施、体育设施、流动设施、辅助设施五类（见表 1）。虽然 PPP 模式在众多公共设施领域已有较为广泛的应用，但在我国公共文化领域中的应用只是近几年的事情，仅在体育场馆建设、剧院建设等方面有一些探索性的应用，相关研究文献更是不多。自 2005 年 10 月党的十六届五中全会第一次正式提出要"逐步形成覆盖全社会的比较完备的公共文化服务体系"起，特别是 2012 年中共十七届六中全会发布《中共中央推动文化大发展大繁荣的决定》以后，我国一些学者才开始研究探索公共文化设施建设的模式。

表 1 《关于加快构建现代公共文化服务体系的意见》提出的国家基本公共文化服务标准

类别	内容
文化设施	公共图书馆（县级以上）、公共博物馆、公共美术馆、文化馆（县级以上）、文化站（乡镇/街道）、综合文化服务中心（村/社区）
广电设施	广播电视播出机构和广播电视发射（监测）台
体育设施	公共体育场（县级以上）、群众体育活动器材（乡镇/街道、社区/村）
流动设施	县一级配用于图书借阅、文艺演出、电影播放等服务的流动文化车
辅助设施	各级公共文化设施为残疾人配备无障碍设施，有条件的配备安全检查设备

起初，有学者[4]提出可在公共图书馆项目中应用 PPP 模式等市场化运作模式，也有一些学者[5,6]在分析新疆、西安等地文化产业和文化事业融资模式时提出可采用 PPP 模式，但初期的研究只对 PPP 模式进行了简单的介绍，并未就公共文化设施建设如何采用 PPP 模式进行分析。随着研究的深入，一些学者从理论层面对公共文化设施应用 PPP 模式的机理和路径进行了研究。如李艳芳、赵玮[7]从公共物品理论、交易成本理论的视角，就农村公共文化产品及服务供给如何采用 PPP 模式进行了分析，提出了具体操作流程；张艳茹、陈通、汪勇杰[8]从博弈论的视角，分析了 PPP 模式下政府建设单位应对承包商机会主义行为的演化路径，并提出了政府的应对建议。此外，也有一些学者[9~11]从实践层面，对国家体育场、宁波文化广场大剧院等公共文化设施应用 PPP 模式的案例进行了分析。一些学者[12]还提出了大型公共

文化设施、基层公共文化设施等不同类别公共文化设施应用PPP模式的具体方案。然而,以上这些研究均未对哪些类别的公共文化设施适合采用PPP模式进行研究。

从国外看,由于意识形态、政府理念、历史沿袭和现实因素等差异,国外政府公共产品和服务供给模式也各有差异,主要分为以法国、日本为代表的"政府主导"模式,以美国、加拿大、瑞士等为代表的"民间主导"模式和以澳大利亚、芬兰、英国等为代表的"一臂之距"模式三种类型[13]。由于外国政府管理中没有总体的"公共文化设施"概念,外国学者只就印度、比利时、俄罗斯等国在图书馆[14,15]、体育设施[16]、文化遗址保护[17]等具体领域应用PPP模式的相关问题进行了研究。

尽管国内外学者在公共文化设施应用PPP模式的适用性方面研究较少,但不少学者[18~21]采用案例研究、问卷调查、混合方法等分析方法,对PPP模式的成功因素、风险因素做了研究。其中,在1990—2013年研究PPP成功因素的外文文献中,排名前五的影响因素是风险配置和分担、强大的私人财团、政治支持、公众支持、透明的采购[22]。这些研究为本文研究公共文化PPP项目的成功因素,进而提炼PPP模式在公共文化领域的适用性提供了借鉴。

本文的创新之处在于,采用案例研究的方法,首次对我国公共文化设施采用PPP模式的适用性进行研究,试图为文化主管部门应用PPP模式提供政策参考。

三、PPP模式在公共文化设施项目的适用性案例分析

结合我国政府文件(财金〔2014〕76号)对公共文化设施的分类,本文认为,PPP模式在公共文化设施领域中的适用性,是指公共图书馆、公共博物馆、公共美术馆、文化馆、文化站、综合文化服务中心、公共体育场馆、广播设施等各类公共文化设施适合采用PPP模式的程度。判断何为"适合",可依据公共文化设施项目采用PPP模式后,是否能顺利完成设施建设和运营的标准来判断。因此,可从分析项目成功因素的角度对PPP模式的适用性进行研究,"适用性"可进一步理解为公共文化设施项目是否具备PPP模式能成功运营的基本因素。

前期,已有学者从公共物品理论、交易成本理论、产权经济学、公共治理、关系性合约理论等方面研究PPP模式。在借鉴这些分析框架的基础上,本文从公共选择理论入手,从PPP模式涉及的主体和对象出发,把公共文化设施PPP项目成功因素分为内因、外因两个大类。内因是指项目本身是否具备采用PPP模式的基本条件,主要包括项目性质因素;外因主要是指参与主体与外部环境是否具备

采用 PPP 模式的基本条件，包括政府部门利益、私人部门利益、受众支持等，如图 1 所示。

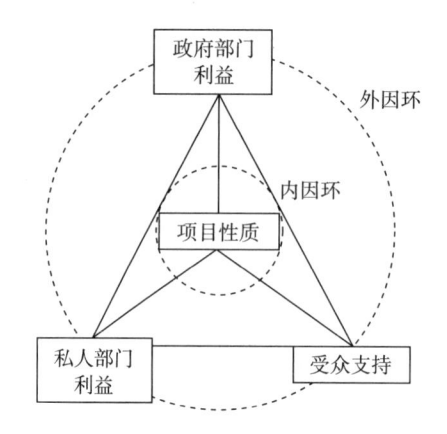

图 1　公共文化设施采用 PPP 模式的基本要素

（一）项目性质

公共物品理论认为，纯公共物品由于具有非竞争性、非排他性，一般不能通过市场机制由私人部门供给，而主要由政府部门供给。因此，公私合营模式不可能在纯公共物品供给中应用。而准公共物品由于具有有限的非竞争性和局部的排他性，当超过一定的临界点时，非竞争性或非排他性就会消失，拥挤就会出现，就会限制其他人的消费，这也就为私人部门参与准公共物品供给提供了空间。据此，可提出假设 1：

假设 1：具有准公共物品性质的公共文化设施可采用 PPP 模式。

案例 1：在国家体育场（"鸟巢"）项目中，由于场馆内观众席仅为 91 000 个，而通常在场馆内举办的活动大部分为大型体育赛事，观众往往爆满。当观众人数达到限定数量时，场馆无法容纳新增加的观众人群。此时，国家体育场具有排他性，属于准公共物品，可通过市场机制来提供。于是，北京市政府决定采用 PPP 模式开展国家体育场项目的建设和运营。从 2002 年 4 月起，原北京市计委开始组织国家体育场项目法人招标事宜。经过谈判，并报北京市政府批准，2003 年 7 月最终确定了由中国中信集团公司、北京城建集团有限责任公司、国安岳强有限公司（香港）、金州控股集团有限公司（美国）4 家企业组成的"中信集团联合体"，成为国家体育场项目法人合作方招标的中标人。由代表北京市政府的北京国有资产经营管理有限公司和"中信集团联合体"合作组建的项目公司——国家体育场有限责任公司负责建设和运营。[23]

以上案例说明，体育场由于具有准公共物品的性质，适合采用 PPP 模式，假设 1 得证。事实上，博物馆、文化馆、美术馆、文化馆、文化站等其他公共文化设施由于具有一定的空间规模，必然存在相应的可容纳人数限制，具有某种程度的排他性，属于准公共物品，在项目性质上具备了采用 PPP 模式的基本条件。

（二）政府部门利益

公共选择理论认为，在公共部门中，官员通过民主决策的政治过程，把私人的个人选择转化为集体选择，来决定公共物品的需求、供给和产量。对于建设公共文化设施而言，政府部门在决策建设模式时，主要考虑建设和运营成本、质量、政治效益等因素。按照利益最大化的原则，政府部门会选择建设和运营成本最低、质量最好、政治效益最大的供给模式。据此，可得假设 2 及其三个分假设。

假设 2：当采用 PPP 模式建设公共文化设施政府部门的总体利益大于采用公共部门独立建设模式时，适合采用 PPP 模式。

分假设 2.1：当采用 PPP 模式建设公共文化设施的成本小于采用公共部门独立建设模式时，适合采用 PPP 模式。

分假设 2.2：当采用 PPP 模式建设公共文化设施的质量优于采用公共部门独立建设模式时，适合采用 PPP 模式。

分假设 2.3：当采用 PPP 模式建设公共文化设施所带来的政治效益优于采用公共部门独立建设模式时，适合采用 PPP 模式。

案例 2：在国家体育场（"鸟巢"）项目中，北京市政府参照国内外的先进经验，为降低项目的融资成本、运营成本，提高运营效率，决定引进市场化机制，采用公开招标方式选择项目法人合作方。[11] 投资人与代表市政府的北京市国有资产公司签订合作经营合同，双方共同组建项目公司，负责 PPP 项目的设计、融资、投资、建设、运营及移交等全面工作。

案例 3：在国家部门大力推广 PPP 项目的大环境下，多地政府积极响应，纷纷上马 PPP 项目。2015 年 6 月，清远市政府发布了城市生态供水、图书馆、演艺中心、城市馆和博物馆建设工程等 6 个 PPP 项目招标公告。公告中明确指出，"为加快政府和社会资本合作模式的推广运用，市政府成立了政府和社会资本合作模式推广运用工作领导小组，统一协调部署全市政府和社会资本合作模式推广运用工作。"[24] 可见，追求政绩是当地政府采用 PPP 模式的动机之一。

案例 2 表明，当项目采用 PPP 模式将促使项目成本降低、项目质量提升时，政府有动力采用 PPP 模式，分假设 2.1 和分假设 2.2 得证。案例 3 表明，政府有追求政绩的动机,当采用PPP模式有助于实现政治利益最大化时,政府有动力采用PPP模式,分假设2.3得证。

(三)私人部门利益

根据西方经济学的理性经济人假定,私人部门追求利润最大化,当通过PPP模式参与公共文化设施建设有利可图时,私人部门会积极参与到公共文化设施建设中。据此,可得假设3。

假设3:若公共文化设施项目采用PPP模式,私人部门在所要求的期限内净收益大于零时,该项目适合采用PPP模式。

案例4:在国家体育馆("鸟巢")项目中,中标单位中国中信集团联合体,将获得2008年奥运后国家体育场三十年的特许经营权和收益权,但没有项目的处置权。经营期满,项目公司向北京市政府移交全部资产。

案例5:国家大剧院项目建设总投资达到31亿元,建成后每年在水、电等能源及外部清洁方面的维护消耗将达数千万元。且大剧院定位于国家级的公益性文化设施,在经营理念上要求始终把追求社会效益放在首位。要达到提高人民群众文化生活水平的目标,就得让群众消费得起,只能采取低于市场平均水平的低票价运营模式,私人部门参与此项设施的建设和运营难以保证获利。最终采用政府主导的建设模式,全部投资来自政府财政,并成立事业单位对大剧院进行管理运营。

案例4证明,当私人部门在项目建设和运营中有利可图时,私人部门有积极性参与项目建设;反之,案例5中,若私人部门在项目建设中无法盈利,则不适宜采用PPP模式,宜直接采用政府投资建设的模式,假设3得证。

(四)受众支持

根据公共部门绩效评估理论,公共文化设施运行效益高低,取决于其服务对象,即受众使用设施的情况及其对设施的评价。可见,采用PPP模式的公共文化设施项目成功运作,还需要得到受众的支持。据此,可得假设4及两个分假设:

假设4:公共文化设施项目越受到受众支持,越适合采用PPP模式。

分假设4.1:若公共文化设施项目受众需求越稳定,越适合采用PPP模式。

分假设4.2:若公共文化设施项目受众需求越多,越适合采用PPP模式。

案例6:国家体育馆("鸟巢")建成以来,举办了奥运会、残奥会开闭幕式、田径比赛及足球比赛决赛。除了承担体育设施功能以外,"鸟巢"还举办了《图兰朵》《鸟巢·吸引》以及宋祖英演唱会、汪峰演唱会等众多大型演出活动,开发了

"鸟巢"滑雪场、欢乐冰雪季等项目,成为北京市民参与体育活动及享受体育娱乐的大型专业场所。

由此可见,稳定而大量的受众需求与"使用者付费机制"相结合,保障了"鸟巢"在运营中能获得稳定而大量的收益,使得项目运营方在项目运营中有利可图,为"鸟巢"项目的成功运营奠定了基础,假设4及其分假设4.1和分假设4.2得证。

四、关于公共文化设施PPP模式适用性的进一步讨论

通过采用案例研究的方法对第三部分4个假设进行验证,可以得出公共文化设施项目采用PPP模式的基本条件为:①具备准公共物品的属性;②政府部门"有利可图",此处的"利"理解为采用PPP模式与政府部门自己投资建设相比,成本更低、质量更高、更符合政治绩效;③私人部门"有利可图",此处的"利"理解为净利润;④有稳定而大量的受众需求。

上文已分析,公共文化设施基本都具备准公共物品的特性,然而现实中并非所有公共文化设施都满足其他三个条件。一是并非所有公共文化设施都使政府部门"有利可图"。如在村级综合文化服务中心、街道文化站等基层公共文化设施的建设中,由于基层政府更了解当地居民对文化服务的需求,信息更完备;相反,私人部门由于不掌握当地居民的具体情况和服务诉求,此时,政府部门比私人部门可能具备更低的建设成本和更好的服务效果。二是并非所有公共文化设施的建设和运营都使私人部门"有利可图"。如博物馆、图书馆、文化馆、综合文化服务中心等项目,往往在建设初期投入较大,建成正式运营后往往采用免费提供服务的方式,无稳定的现金流,私人部门无利可图,难以直接采用PPP模式。三是并非所有公共文化设施都有稳定而大量的受众需求。如在一些边远地区或外出务工情况较为严重的农村建设综合文化服务中心、图书馆等公共文化设施,由于大部分青壮年已外出务工,留守人员主要为老人和儿童,总受众群体人数不多,且受老人和儿童行为习惯影响,对文化服务的需求不高,难以形成稳定而大量的受众需求。可见,在分析是否适合采用PPP模式时,需根据公共文化设施的具体情况进行具体分析。

值得注意的是,虽然一些公共文化设施项目本身并不具备采用PPP模式的基本条件,条件允许时,可通过人为的方案设计,创造条件去采用PPP模式。如清远市2015年6月发布了图书馆、城市馆与博物馆、演艺中心等拟招标的PPP项目,并在标书中明确指出"本项目为纯公益性基础设施项目,缺乏'使用者付费'机制,因此回报机制采用政府付费方式。由政府在项目建成后,通过购买服务方式支付该项

目的投资成本、运营维护费用及不少于8%的投资回报"。可见,这些项目本不具备使私人部门"有利可图"的基本条件,但清远市通过政府购买服务的方案设计,人为地使私人部门从中"有利可图",尽力促使私人部门参与到PPP项目中。

五、结论和建议

在国家大力推广PPP模式的大环境下,各级文化主管部门应保持适度冷静,首先分析公共文化设施是否具备采用PPP模式的基本条件,不能"脑门一热"就"一窝蜂"地上马PPP项目。本文根据公共产品、公共选择等理论提出了公共文化设施适用PPP模式的4个假设,并采用案例研究方法逐一验证了这些假设,指出公共文化设施采用PPP项目需具备准公共物品属性、政府部门"有利可图"、私人部门"有利可图"、稳定而大量的受众需求四个基本条件,在一定程度上可为文化主管部门分析公共文化设施是否适合PPP模式提供参考。然而,每个公共文化设施项目都有自身特点,而且受本研究可获得的公共文化设施PPP案例数量少的限制,本文论证过程不免有失严谨,一定程度上导致研究结论科学性不足,建议文化主管部门在具体分析中,还需根据具体情况具体分析。当前一些地方政府为推广PPP模式,即使一些项目不具备采用PPP模式的基本条件,仍不惜开动脑筋,人为地创造条件推广PPP项目。这些做法虽然体现了政府的灵活变通,而且在某种程度上也是PPP模式的一种创新,但如果脱离客观实际,硬创造条件上马PPP项目,恐怕项目还是会以失败告终。

参考文献:

[1] 叶晓甦,徐春梅. 我国公共项目公私合作(PPP)模式研究述评[J]. 软科学,2013(6).

[2] 刘燕. 公共选择、政府规制与公私合作:文献综述[J]. 浙江社会科学,2010(6).

[3] 王灏. PPP的定义和分类研究[J]. 都市快轨交通,2004(5).

[4] 李春,吴锦辉,彭国甫. 基于公共产品理论的图书馆市场化运作研究[J]. 图书情报工作,2006(2).

[5] 伍文中,王勤. 新疆文化事业融资方式辨析[J]. 昌吉学院学报,2007(6).

[6] 岳红记. 西安文化产业的融资模式探讨[J]. 商场现代化,2007(5).

[7] 李艳芳,赵玮. PPP视阈下农村公共文化产品及服务的供给研究[J]. 特区经济,2012(8).

[8] 张艳茹,陈通,汪勇杰. 公共文化PPP项目中承包商机会主义行为奖惩机制演化博弈[J]. 河北工业科技,2014(11).

[9] 程正中,张璐,李晓桐. 大剧院建设项目投融资模式研究[J]. 大众科技,2012(11).

[10] 郭峰,蔡艺卿,王飞球. 公共文化建设项目应用公私伙伴关系模式的探讨[J]. 中国工程科学,2013(11).

[11] 李长军,高存红. PPP模式在国家体育场(鸟巢)项目的应用分析——试论公开招标是PPP项目实施的有效途径[J]. 招标采购管理,2014(11).

[12] 张晓敏,陈通. 公共文化设施PPP建设运营模式研究[J]. 管理现代化,2015(1).

[13] 张琳娜,朱孔来. 国内外公共文化服务研究现状评述及未来展望[J]. 西安财经学院学报,2013(5).

[14] Muralidhar. Development of Public Libraries through Public – private Partnership in India: Issues and Challenges [J]. DESIDOC Journal of Library & Information Technology,2013(1).

[15] Boden, Daniel. Public – Private Partnerships in the Presidential Library System [C]. Conference Papers – Southern Political Science Association,2013.

[16] Martijn van den Hurk, Koen Verhoest. The governance of public – private partnerships in sports infrastructure: Interfering complexities in Belgium [J]. International Journal of Project Management,2015(1).

[17] Timur Absalyamov. Tatarstan Model of Public – Private Partnership in the Field of Cultural Heritage Preservation [J]. Procedia – Social and Behavioral Sciences,2015(4).

[18] Li B., Akintoye A., Edwards P. J., Hardcastle, C., The allocation of risk in PPP/PFI construction projects in the UK [J]. Int. J. Proj. Manag. 2005a., 23(1).

[19] 亓霞,柯永建,王守清. 基于案例的中国PPP项目的主要风险因素分析[J]. 中国软科学,2009(5).

[20] 张万宽,杨永恒,王有强. 公私伙伴关系绩效的关键影响因素——基于若干转型国家的经验研究[J]. 公共管理学报,2010(7).

[21] Reinhardt, W., The role of private investment in meeting US transportation infrastructure needs [J]. Public Works Financing, 2011.

[22] RobertOsei – Kyei, Albert P. C. Chan. Review of studies on the Critical Success Factors for Public – Private Partnership (PPP) projects from 1990 to 2013 [J]. International Journal of Project Management, 2015.

[23] 国家体育场有限责任公司简介[EB/OL]. [2015 – 6 – 15]. http://www.n – s.cn/page/ncgk/? 90.html.

[24] 清远市图书馆建设工程PPP项目[EB/OL]. [2015 – 06 – 15]. http://www.gdqy.gov.cn/gdqycz/tzgg/201506/4b8008a272744c3991e8c299f3db8ec7.shtml.

专题三 社会治理与创新

中国非营利组织内部治理问题研究

——以阿拉善 SEE 生态协会为例

辛传海 安锦 薛超[*]

（对外经济贸易大学 公共管理学院，北京 100029）

摘 要：非营利组织是介于政府与营利性企业之间的"第三部门"。随着社会的进步和时代的发展，非营利组织在我们的社会生活中起着越来越重要的作用，而其内部治理决定了组织的稳定发展和运营的效率。目前中国的非营利组织正处于转型时期，其内部治理还存在缺乏自治性和专业性、监督和民主缺失等一系列问题。本文通过研究阿拉善 SEE 生态协会的内部治理原则和方法，从自治性和理事会、监事会、项目的设定等方面总结出其内部高效治理的原因，再结合目前中国广大非营利组织存在的问题，提出相应的建议，以推动非营利组织的发展。

关键词：非营利组织；内部治理；SEE 生态协会

一、中国非营利组织理论背景及发展现状

（一）非营利组织治理及其内部治理综述

美国约翰·霍普金斯大学非营利组织国际比较研究中心，将具有组织性、非政府性、非营利性、志愿性及自治性五个核心特征的社会组织界定为非营利组织。它所研究的内容包括创办的董事或捐助人、服务对象或受益人、管理层和内部职工、政府主管部门、所在社区、专业协会等利益相关者的关系。

---

[*] 作者简介：辛传海（1968— ），男，湖北随州人，对外经济贸易大学公共管理学院副教授，主要从事政府管理、非营利组织管理研究；安锦（1993— ），女，云南大理人，对外经济贸易大学公共管理学院研究生，主要从事政府管理、非营利组织管理研究；薛超（1992— ），男，内蒙古赤峰人，对外经济贸易大学公共管理学院研究生，主要从事公共财政、非营利组织管理研究。

非营利组织的内部治理是指一整套控制和管理非营利组织运作的制度安排。它也有狭义和广义之分。狭义上的是指在非营利组织所有权、控制权、经营权分离的条件下，董事会（理事会）、执行机构、监事会的结构和功能，董事长与高层管理人员的权利和义务以及相应的聘选、激励与监督等方面的制度安排；广义上的是指非营利组织的人力资源管理、员工的薪酬、激励约束机制、财务制度、组织发展战略以及一切与组织管理控制有关的一系列制度安排。[1]

（二）中国非营利组织发展现状及内部治理问题

1. 中国非营利组织发展现状

非营利组织在经历了改革开放三十多年的成长发育之后，实现了由政府选择向社会选择加速转变的质的飞跃，通过市场元素的注入，内在活力显著增强，在社会结构和社会阶层的深刻变革中，以更积极的姿态活跃在经济社会生活舞台上，开始成为补充政府失灵和市场失灵的第三方力量。近几年来，有利于非营利组织发展的制度环境进一步完善，极大地促进了非营利组织的数量增长。到 2014 年 12 月底，非营利组织总量已经达到 60 万个，其中社会团体达到 30.7 万个，民办非企业单位已经达到了 28.9 万个，基金会达到了 4 044 个，全国直接登记的社会组织已经超过 3 万个。

2. 中国非营利组织常见内部治理问题

中国非营利组织的发展已经进入黄金时期，但仍没有一部完整的跟非营利组织相关的法律出台。目前仅有三大条例规范非营利组织活动，即《社会团体登记管理条例》《民办非企业单位登记管理暂行条例》和《基金会管理条例》，这些仅有的行政法规所规范的层面有很多欠缺。这种制度性的缺陷使我国非营利组织仍存在很多问题。本文仅以研究内部治理的视角来进行分析，发现如下几点问题。

（1）缺乏自治性。

在我国，有很多非营利组织是由政府设立或从政府职能部门转化而来的，组织活动、组织管理都严重依赖政府或完全听从政府管理。很多非营利组织的社会募捐能力很差，并且由于管理体制源自政府体制，会员费的数量更是极低，自主筹资能力很低，组织运营资金主要来自政府拨款，因此在很多方面都受到政府部门的约束。这些非营利组织的重大决策也需服从主管部门的决定，其组织高层由主管部门派遣或任命。不难看出，我国很多非营利组织极其缺乏自治性。

(2) 缺乏专业性。

我国非营利组织起步晚，依然处于发展阶段，非营利组织的各方面人才极其缺乏。根据清华大学（NGO）研究所调查显示，在受访的 1 200 多家非营利组织的员工中，高中和中专学历的员工所占比例最高，达到 31.7%，可见我国非营利组织中员工的整体素质较低。组织内并没有专业的管理团队和执行团队，因此组织管理能力、执行能力和可持续发展能力等诸多方面都存在很大的缺陷，导致非营利组织的管理混乱和执行低效。

(3) 缺乏内部监督。

由于非营利组织提供服务的特殊性以及中国目前的非营利组织发展正处于转型时期，在其内部治理过程中存在道德缺失和监督失灵的问题，在一定程度上阻碍了组织的发展。很多非营利组织由于没有完善的治理结构，组织内部缺乏分权和制衡的能力，仅以自我监督为主，这就导致很多组织内部人的道德失控。例如"郭美美"事件的发生，严重影响了中国红十字会的社会形象，事件背后就暴露出其组织内部监督的严重漏洞。近年来，中国发展起了很多"草根 NGO"，即民间慈善公益组织。这些组织在组建之初就没有一个完善的治理体制和组织框架，仅以一个人或几个人为基础创办，在组织运行过程中发生的问题更是数不胜数。2015 年"百色助学网"事件被媒体曝光，引起社会的极大关注和谴责。相信此类打着公益的幌子谋取个人利益的情况并非个案。

(4) 缺乏民主决策机制。

在中国，一部分非营利组织的治理结构是不完善的，如"公立学校"和"公立医院"这一类由政府设立的非营利组织以及上文提到的"草根 NGO"在组织治理结构中没有设立董事会、监事会等机构，组织负责人主导一切工作。另一部分非营利组织（如从官办机构分离出来但在行政关系上仍隶属于前者）虽设有董事会、监事会等机构，但在日常组织运行中，这些机构成为摆设，无法发挥实际作用，依旧是组织内一人独掌大权。没有分权和制约的机制，民主决策无从说起。

(5) 缺乏组织使命感。

由于非营利组织的非营利性，决定了非营利组织的内部激励问题很难用金钱解决，一旦员工丧失对组织的信心，将会严重影响组织的正常运行。不论是组织的管理还是政策的实施，都是由组织内的人来完成的，员工的凝聚力取决于其对组织的认同感。很多非营利组织的员工并没有对所做的事业有充分的认识，甚至认为其所从事的工作与其他行业或领域的工作无异，缺乏对非营利组织特殊性的认识，缺乏组织使命感。

二、非营利组织有效内部治理的基本原则：以 SEE 生态协会为例

（一）SEE 生态组织简介

阿拉善 SEE 生态协会（SEE）成立于 2004 年 6 月 5 日，是由中国近百名知名企业家出资成立的环境保护组织。协会是会员制的非政府组织（NGO），同时也是公益性质的环保机构，奉行非营利性原则。SEE 以推动人与自然的可持续发展为愿景，遵循生态效益、经济效益和社会效益三者统一的价值观。SEE 的宗旨是以阿拉善地区为起点，通过社区综合发展的方式解决荒漠化问题，同时推动中国企业家承担更多的环境责任和社会责任，推动企业的环保与可持续发展建设，是中国较有代表性的非营利组织之一。

（二）非营利组织有效内部治理的基本原则

1. 高度自治管理

非营利组织的自治性，是指能够自我管理，有内部管理程序及章程，除受政府相关法律法规约束外，不受其他团体控制的特性。它也决定了在其内部治理体系中，高度的自治管理是一项重要的基本原则。SEE 是一个由企业法人、社团法人、自然人出资成立并由企业家领导并参与管理的公益性和非营利性的社团组织，在其运营和治理过程中，组织也严格落实了高度自治管理这一内部治理原则。

首先，从财务方面来看，SEE 实现了资金的独立和自治。在发起资金上，是由作为发起人的 80 位企业家们做初期集资，并且承诺，连续十年，每年投资 10 万元人民币作为组织运营的资金。根据 SEE 协会章程关于发起人的规定，"凡在 SEE 成立时向 SEE 缴纳会费 10 万元人民币现金者，为 SEE 发起人"，"凡是认同并遵守 SEE 章程并向 SEE 缴纳会费现金 10 万元人民币以上的自然人、法人或其他组织，即可取得一年的理事会员资格"，"会员一次性或累计缴纳会费达 100 万元人民币，即可成为 SEE 终身理事会员，终身享有理事会员的权利"。这一系列资金被作为组织运营的资金，避免了非营利组织过度依赖政府支撑的现象发生。此外，为了保证组织在环保治理方面的项目资金，以及在阿拉善环境治理方面构建一个完整的资金体系，2008 年 12 月，阿拉善 SEE 生态协会独立出资发起北京市企业家环保基金会（SEE FOUNDATION），简称 SEE 基金会。基金会拥有百位以上的稳定捐赠人，以阿

拉善 SEE 生态协会的会员企业家为主，是中国企业家承担环境和社会责任重要的公益平台。基金会的成立保证了 SEE 生态协会系统的、正规的、组织化的、稳定的筹资来源。

其次，从组织运营方面来看，SEE 还实现了内部决策的独立。SEE 是由众多企业家建立的非营利组织，与完全依赖政府支持的非营利组织不同，其在组织结构和决策机制的构建上有高度的自主性。SEE 在建立之初就设定了完整、合理的管理决策机制。SEE 基金会遵循平等参与、民主决策、权力制衡、公开透明、会员与公众监督的治理原则，在基金会下设监事会和理事会，理事会下设专门委员会和秘书处，秘书处下设资助部、筹款部、战略管理部、品牌部、财务部、行政部六大部门。理事会是组织的决策机构，监事会负责监督理事会的决策过程。其组织内部的重大决策与重要人员任命均由理事会投票决定，而不同于其他非营利组织在重大决策和人员任命方面听从政府部门。完整、合理的结构保证了 SEE 具有独立管理组织的能力，加上 SEE 在资金方面的独立性，保证了其内部治理的高度自治。

2. 理事会决策民主

组织的决策机制是指决策权在组织内部利益相关者之间的分配格局。非营利组织作为一种非营利的公益或互益性组织，其决策和治理要依靠一定的组织结构和制度。而非营利组织内部治理的权力系统由会员大会、理事会、管理层、监事会组成，并依此形成相应的决策分工形式和决策权分配格局。在这一分配格局中关键的是理事会决策，理事会通过理事会议来行使决策权。非营利组织要遵守民主决策的原则。

根据 SEE 生态协会章程规定，首先，理事大会是 SEE 的最高权力机构，掌握组织事务的最高决策权。其次，理事大会决议分为一般决议和重要决议。一般决议包括：表决通过 SEE 的章程；选举执行理事会、监事会、章程委员会成员；讨论表决执行理事会上年度工作总结报告和财务决算报告，审议 SEE 下年度工作计划；审核和批准监事会年度报告；表决通过 SEE 章程修改条款；对 SEE 解散和清算做出决议；对 SEE 的分立、合并做出决议。一般决议须经二分之一以上出席理事通过方为有效。重要决议包括：章程的修改；对 SEE 解散和清算做出决议；对 SEE 的分立、合并做出决议。重要决议须经出席理事表决，三分之二以上通过方为有效。SEE 关于理事会决策机制的规定符合非营利组织内部治理的基本原则，明确理事会在组织中的决策地位，决策的民主化有利于保证组织决策的科学性，提高组织效率。

除了遵从非营利组织的规定设立决策机构外，SEE 还严格落实规定。根据 SEE 生态协会 2009—2013 年的年度报告，SEE 保证了每年举办 1 次会员大会、3 次以上理事监事联席会，并严格按照章程规定通过了一系列组织决策。在2011年，SEE举办了1次会员大会、3次理事监事联席会。在三届六次理事监事联席会上，会议以8票同意、1票弃权表决通过了会长提出的关于秘书长任免的提案。在2011年的会员大会上，有72位会员到会，有效票数137张，大会民主选举了第四届理事会成员和章程委员会成员、监事会成员。

3. 监事会监督有力

"非营利性"是非营利组织的特性之一，而严格的内部监督是保证此特性的一种必要手段，以避免管理者借组织名义谋私利。内部监督是组织的一种自律行为，而单纯依靠道德约束来自律无法达到强有力的效果，组织必须要有高效严格的监督制度，并加以落实，才能保证有效的内部监督。监事会是非营利组织中专门的监督机构，监事会的基本职能就是以出资人的身份监督管理者和决策过程，保证决策结果的科学民主和组织财务的合法透明，保证组织的合法性，维护利益相关者的权益。

根据SEE生态协会章程规定，SEE设立监事会，监事会为SEE最高监督机构，监事会负责监督财务制度的落实。在每年9月30日前，独立委托有资质的会计师事务所，对SEE财务进行一次年终审计，并在理事大会上公布。每三个月一次，财务总监必须将SEE的财务报告报送监事会。SEE自2004年成立至今，每年都会在年报中公开年度财务报告，在官网发布会计师事务所的年度审计报告。根据2013年年度财务报告，SEE生态协会年度总收入为1 594.53万元，其中捐赠收入占总收入的89.89%，会费收入占总收入的10.03%，其他收入占总收入的0.08%。年度总支出为1 675.61万元，其中项目活动成本占总支出的81.77%，税金及附加占总支出的0.02%，管理费用占总支出的18.21%。SEE监事会有责任根据法律和章程规定，监督协会资产的管理和使用。

4. 执行团队高效务实

一个合格的组织应具备专业的执行团队。专业的决策团队保证项目制定科学化，专业的执行团队可以保证项目执行的质量，提高组织工作效率，有利于激励员工，还可以提升非营利组织的社会评价，有利于组织开拓社会资源，提升社会地位。

从会长遴选来说，根据CEE协会章程的规定，SEE设会长一名，会长是SEE的法人代表。设副会长两名，副会长协助会长工作。会长、副会长由执行理事会从执行理事中选举产生。执行理事无记名投票，分别选举会长、第一副会长、第二副会长，得票多者当选。会长不可两届连任，但可隔届重新参选会长。本届会长任期结束后，自动转为下届执行理事，并担任会员发展专门委员会主任。每隔一届后，原会长可以以理事身份参加协会的所有选举。

从领导职能上来说，作为负责SEE生态协会事务的最高行政人员，会长拥有以下领导职能：主持召开理事大会；主持召开执行理事会；负责向执行理事会提出聘任或解聘的秘书长人选，督促和监督秘书长落实理事大会、执行理事会批准的决议和其他计划；代表SEE或授权代表签署合同和文件；负责向理事大会做SEE工作报告。为了激励会员，会长在管理过程中坚持人本管理和精神激励，鼓励会员积极参与SEE的治理。组织会员参与议题多元、形式多样的环保活动和项目，举行圆桌会谈和会长演讲，来宣传组织理念。2011年6月5日，"第四届SEE-TNC生态颁奖典礼"，40多位会员走上绿地毯，以嘉奖其对环保和组织做出的贡献，极大地激励了会员的积极性。

从监督机制上来说，会长受监事会的监督，财务审计中如遇会长任期满，审计中要包含对会长的离任审计。如果监事会发现会长有违反SEE《章程》、财务制度和违反国家法律的行为，经监事会三名以上成员签字同意，可以动议召开临时执行理事会与监事会联席会议，对SEE会长进行罢免并提请执行理事会重新选举会长。全体执行理事和全体监事人数总和的半数以上表决通过，可以罢免会长。

从执行团队的产生和职能来说，SEE设秘书处，秘书处是受会长、执行理事会领导并受监事会监督的SEE执行机构。根据SEE协会章程规定，SEE秘书处设秘书长一名，主持秘书处日常工作。秘书长的聘任及解聘由会长提名，经执行理事会半数以上成员表决通过。SEE设副秘书长若干名，协助秘书长工作。副秘书长由秘书长提名，经会长批准产生。秘书处作为SEE的执行机构，秘书长主持SEE日常管理工作，组织实施理事大会或执行理事会决议；秘书长向专门委员会提交SEE的项目计划、财务预算方案、财务决算报告、人事管理、部门设置及SEE其他重要规章制度，经专门委员会预审并呈报执行理事会表决通过后，负责组织执行；秘书长负责提出理事大会、执行理事会决议的实施计划并组织落实。

会长和秘书会在组织中构成了专业的管理和执行团队，吸收专业的管理和执行人才，其日常事务受到监事会监督，严格遵守协会章程执行事务。保证组织能达到高效务实的目标。

5. 员工使命感强烈

志愿性和公益性是非营利组织的两大特性，组织所提供的服务具有公共利益的性质，并以服务公众为宗旨。非营利组织在社会中扮演着服务提供者、先驱者、价值维护者、社会教育者、改革与倡导者的角色，这也决定了非营利组织要扮演的社会角色和其应当承担的社会责任。价值观是构成一个组织文化的核心，而使命感又是非营利组织价值观的重要部分，非营利组织内部的成员只有负有社会责任感、无私奉献的精神和崇高的使命感，才有可能保证组织的凝聚力，避免内部腐败的发生，使组织有继续发展的动力。

SEE 作为当代中国具有代表性的非营利组织，其组织内部的使命感构建效果也较为显著。首先，组织制定了一个激励和引导行为的宗旨和目标。SEE 成立的宗旨是"改善和恢复中国内蒙古阿拉善地区的生态环境，从而减缓或遏制沙尘暴的发生，与此同时，推动中国企业家承担更多的生态责任与社会责任"。SEE 生态协会成立之初，发起的企业家们书写了《阿拉善宣言》，表明了成立组织的目的和愿景，也将其作为 SEE 后来发展的指导思想。其次，用管理者的价值观和使命感影响和领导组织成员。2001 年西部地区严重的沙尘暴灾害唤起了百位中国企业家共同的社会责任感，并将其汇集为一个事业——改善和恢复内蒙古阿拉善地区的生态环境，减缓或遏制沙尘暴的发生，并推动中国企业家承担更多的社会责任。SEE 协会每一届会长都有一定的社会影响力，用其自身的社会责任感来带动会员的使命感，加之组织领导者的社会知名度影响，也有利于推动非营利组织开展工作。最后，制定合理可行的、符合组织文化的战略目标。SEE 未来 5 年的战略目标是，"从 2011 年到 2020 年，累计投入不少于 5 亿元人民币的公益资金，资助全国范围内 1 000 家民间环保组织、500 个有效干预环境问题的项目行动；推动形成一个在规模和质量上与中国经济发展相匹配的、健康、多元的民间环保公益组织生态链，有效响应迫切的环境问题。"

三、改善中国非营利组织内部治理的建议

（一）提高组织自治能力

首先，需要增强组织的筹资能力。除依靠政府财政拨款的方式筹集资金外，还需要努力争取社会捐赠。只有通过完善组织治理结构、定期公开财务报告和审计报告、接受会员和公众的监督、切实有效地完成组织目标来提升组织的社会形象，才会有更多的公民愿意参与到社会公益行动当中。还可以运用企业治理的方法，通过市场使组织获得更多的资金。其次，除受政府相关法律法规约束外，要减少政府对组织发展的干预，使其在组织管理、人员任命等方面做到自治。

（二）制订民主的决策方案，建立权力制约机制

重视组织治理结构，完善非营利组织的会员大会、理事会、管理层、监事会，并使其发挥自身作用。理事会通过理事会议来完成决策，重视组织内民主，严格遵循规章制度来制定决策。非营利组织的高层任免也需通过民主投票来选拔，同时监事会要切实履行自己的职责，建立完善的权力制约机制，避免组织陷入一人独大的局面。

（三）完善组织内部监督机构，提高组织运营透明度

管理者要采取措施完善组织内部监督机构，提高自律性和透明度。首先，要严格遵守非营利组织的道德准则，培养奉献精神和使命感，以社会责任感驱动代替个人利益驱动，形成有影响力的以人为本的组织文化和信用文化，避免组织内部贪污腐败和诚信缺失的问题。其次，要构建严谨有效的监督机制，设置专门的内部监督机构，并且强调会员对组织监督的权利和义务，落实监事会的监督职能。在转型时期的非营利组织中，监事会成员的任命很大程度受政府影响，今后非营利组织要规范监事会成员的任命，严格表决选举流程。目前大多非营利组织监事会成员专业素质较低，为了提高监事会的监督效率，应当吸收与组织业务相关的专业人才进入监事会，使得监督职能的行使更加专业化。最后，组织应当保证流程公开、财务透明，严格遵守非营利组织的有关法律法规规定，定期公开财务报告和审计报告，清晰列明捐赠收入、会员会费、项目支出、管理支出等收支项目，加强信息披露，规范财务管理，接受会员和公众的监督，提高组织诚信度。

（四）建立高效务实的执行团队

为保证组织执行过程的高效务实，应设立专门的管理部门和执行部门。会长和秘书处严格按照组织章程发挥职能，会长作为组织最高行政人员，应针对其选拔建立一个合法、公平、民主的遴选流程，并加强监事会对会长执行事务的监督。

秘书处作为组织的执行机构，也应当建立严格的选拔机制，提高执行人员的水平。想要提高组织运营的专业化程度，就要在组织内部建立一个完善的人力资源管理机制。首先，要完善员工的招聘流程，在招聘过程中要遵守组织内利益相关者的"回避原则"，避免任人唯亲，选拔出组织真正需要的高素质人才；其次，还要加强对组织内部员工的培训，针对不同层级、不同部门的员工根据具体需要制订不同的培训方案，提高员工的业务能力，提高组织运行效率；最后，还要加强对组织内员

工的绩效考核，制定合理的考核标准，来激励项目团队提升执行效率，鼓励创新。通过管理团队和执行团队的专业化合作，高效务实地达到组织目标。

（五）加强组织内部激励，培养组织社会责任感

端正组织所传递的价值观，形成以使命感为指导的组织文化，明确组织的目标和宗旨，并且要在员工和会员日常的工作和参与中不断重复组织文化和使命，将非营利组织的价值观落实到具体的工作中，可以开展一系列宣扬组织文化和加强凝聚力的集体活动，激励员工更有效率地工作。非营利组织提供服务的领域主要有教育、医疗卫生、社会福利、扶贫活动以及为企业经济活动提供的服务等。其存在的目的是为了在政府之外，满足社会对这些领域的需求，为社会提供便利。因此组织在成立之初就应该出于社会责任感，明确其应当承担的责任和义务，为社会服务。

参考文献：

[1] 张明. 非营利组织的治理问题研究 [J]. 经济师，2008（6）.

[2] 刘俊月. 当前我国非营利组织内部治理的困境及出路 [J]. 中共长春市委党校学报，2008（2）.

[3] 陈清芬. 公共治理视域下的非营利组织内部治理初探 [J]. 中共乐山市委党校学报，2008（2）.

[4] 廖鸿. 我国民间非营利组织发展的机遇与挑战 [J]. 中国民政，2005（2）.

[5] 董文琪. 非营利组织的独立与自治 [J]. 行政论坛，2006（1）.

[6] 李维安. 非营利组织管理学 [M]. 北京：高等教育出版社，2005.

[7] 陈金罗，等. 中国非营利组织法的基本问题 [M]. 北京：中国方正出版社，2006.

[8] 吴东民，董西明. 非营利组织管理 [M]. 北京：中国人民大学出版社，2006.

[9] 莱斯特·M. 萨拉蒙，等. 全球公民社会——非营利部门视界 [M]. 北京：社会科学文献出版社，2002.

[10] 阿拉善 SEE 生态协会·SEE [N]. 生态协会年报，2004—2014.

[11] 邓苏. 中国非营利组织治理问题研 [J]. 江西财经大学学报，2009（3）.

[12] 李炳秀. 非营利组织内部治理机制研究 [J]. 湖南大学学报（社会科学版），2005（7）.

[13] 阿拉善·生态协会 [R]. SEE 生态协会章程.

[14] 阿拉善·SEE 生态协会 [R]. SEE 生态协会，2011.

"Urban Village" Reconstruction and Migrant Worker Housing: Dilemma & Strategy of Shenzhen Reform

Huang Wenhao[*]

(School of Public Administration and Policy, Renmin University of China, Beijing, China, 100872)

Abstract: This paper is intended to provide a theoretical framework for the analysis of the reasons for migrant worker housing and, also, to make some suggestions about improving the reform of Shenzhen housing supply system from the perspective of "urban village" reconstruction. The urban housing delivery system is a project of the intended supply and demand of that city government. However, there could be exist a certain degree of deviation between the housing reform and its final result due to the uncertainty and complexity of the "urban village" reconstruction. In addition, a considerable number of empirical studies have shown that the scale of government housing supply has been growing unsteadily, and forming an unnormalized tendency. This has put a challenge on the government public service management and supervision, which have a negative impact of legal seriousness and weakens the social constraint and governance on the "urban village" reconstruction. Therefore, it is worth to do more study on the problem of migrant worker housing.

Based on summarizing predecessors' researches, this paper analyzes the present situation of migrant worker housing in Shenzhen, using the data of Shenzhen's migrant worker and related living environment from 2005 to 2015, to verifies the relationships among the "urban village" reconstruction, rate of migrant worker housing and local resident housing.

---

[*] Author: Huang Wenhao (1989—) is a doctoral candidate in the Department of Public Finance and Public Policy, School of Public Administration and Policy, Renmin University of China. His major research interest is evidence-based decision making and democratic administration.

To be specific, Firstly, to describe the relationship between internal phenomenon and external performance which includes the population distribution and overall environment, the present housing and the reform progress, the policy support and the social security via the Shenzhen model. Secondly, through the method of theoretical research and practical investigation, it finds out there is a negative correlation between "urban village" reconstruction and migrant worker housing. Finally, the observational analysis shows that the migrant worker whose financial capability is limited will lose housing resource in the process of "urban village" reconstruction, because they cannot afford to take the housing price higher than the existing level.

Through theoretical and practical analysis, this paper concludes that the housing dilemma of migrant worker in China's public service supply mechanism mainly results from two aspects. The first unfair allocation is located on the early stage of "urban village" reconstruction, the migrant worker is the passive recipients of inferior housing. Another one is refers to the late period of "urban village" reconstruction, the migrant worker is the neglected subject of housing once again. In the final part of this paper, four suggestions about controlling and standardizing "urban village" reform strategy of China's public governance will be given: First, participants in the upgrade planning process need to keep a buffer zone. Second, the "harmonious city" system and housing adjustment function should be strengthened during the process of "urban village" reconstruction, the policy should be tilted to the group of migrant worker. Third, the city government can establish a status of new urban dweller to respect migrant worker's rights and interests. Last but not least, cultivation of smaller towns in the urban construction has to be further modified and developed. In this sense, the "urban village" has taken the responsibility of resettling migrant worker which were originally belong to the city government. If this contradiction cannot be resolved, the government service supply can never meet the housing needs of migrant worker.

Key words: "Urban Village" Reconstruction; Migrant Worker Housing; Shenzhen Reform

1. Introduction

In recent years, with the rapid advance of industrialization and urbanization, in order to keep or improve their lives, a large number of migrant workers come into cities, and form a large-scale floating population. The group which enters the big cities has made a huge contribution to urban construction, but because of their low education level and employment skills, it makes them an obvious contrast between the intensity of labor and living environment. If the migrant workers cannot be properly settled, it will easily deteriorate into s serious social problem.

In the process of urban development, the government has been the dominant for the reconstruction of urban villages. Built on the urban and rural land and housing management mechanism, urban villages rely on the free homestead management, resulting in much waste of market waste. It always gets a higher economic efficiency by means of superior location or transferring to developers after reconstruction, predictably, the low-income workers cannot afford to the housing price which is much higher than the existing level.

2. Products of Urbanization: Urban Villages and Migrant Workers

Under the dual role which consists of rural internal (centrifugal force of poverty) thrust and urban external pull (centripetal force of employment), surplus rural labor would like to close up the center of the city. The number of urban floating population is 261 million in China, and most of them are the underlying migrant employees, they directly increase the pressure on urban housing carrying. Then how to reach balance between housing security of migrant workers and strategic reconstruction of urban villages in transition?

2.1 Behind the Reconstruction of Urban Villages: Urban Construction or Interest Disputes

The literal meaning of "urban village" is the villages which are surrounded by cities. It results from the utilitarian spatial expansion of government policy and the consequence of evading issues. It causes some problems, like the parasitic survival state is the informal product of village collective economy, it is also known as a "collective cancer" and a "hotbed of crime", so the government wants to eliminate it as soon as possible. Look from its source of development, Urban Village is the low-income community and agglomeration which migrant workers are the main body, it is an important link of "rural-urban" chained migration for migrant workers. It is refers to the rural community in urban and rural transformation from the perspective of social economy. It can avoid the additional cost in land expropriation compensation and demolition resettlement, and its connotation is the farmer's village which is embedded into the citizens city.

As a whole, Urban Village is not only a concept of the architectural complex and residential district, but also represents a development pattern and a life – style which are not accepted by the city. It is the contradictory unity of mixed numerous components, "it is the city but not like a city, it is the village but not like a village, it is the city but just like a village, it is the village but just like a city." The reconstruction of urban villages is a game result of multiple interests in the process of urban construction andurban re – planning, the essence is the limit of urban land, the so called "backward area" has to be repossessed and exploited for development, it is also the necessary means and inevitable choice of inter-disciplinary management.

2.2 Behind the Migrant Workers: Gain – Interest Class or Lose – Interest Class of the City

In 1984, Zhang Yulin has put the workers who come out from the village into the city named "migrant workers" for the first time, it is referred to "floating migrant workers" in simple terms, and itself as a mixture between farmers of household registration status and workers of occupational identify. "Migrant workers" is a particular group in the special historical period, and the complex formation of identity can be divided into two parts: the broad sense of migrant workers (about 200 million) includes the rural labor force who obtains employment in the local township enterprises (to leave the land but stay in the country), and who is engaged in the second and third industry into the town (to leave the land and country); The narrow sense only represents the second part of the population (about 120 million).

The migrant workers who hang on the edge of the city are the most profound changes for 30 years of China's reform and opening up, the labor migration has contributed as much as 20 percent of GDP, this "grass – root class" devotes themselves completely to the urbanization construction. But their efforts for the society and returns from the society are out of proportion, there should be attention to improve the living environment, and seek social help to enhance their development potential for integrating into the city life. There is no doubt that migrant workers are the epitome of unfair, not only the gain – interest class, but also the loss – interest class of the city.

3. Migrant Workers Housing Condition in Shenzhen

Mobility is an indication of life, and mobility is also a reflection of vitality. Unban village housing has become the first choice for many migrant workers, on the one hand, they are prone to find general acceptance with fellow villagers around the acquaintance society, there is a strong native complex and social network in these places; On the other hand, they can reduce the cost of living, by living in suburban areas which are located in the excellent location and have convenient traffic conditions. Therefore, at least the low – rent housing can ensure the survival and development of migrant workers in the city.

3.1 The Population Distribution and the Overall Environment

Shenzhen is a big city with a permanent population of 10 6289 million, including 31 047 million registered population. The proportion of floating population is as high as 70.8 percent. At present, the city has a built – up area about 871.19 square kilometers, there are 320 urban villages in it (cover an area of 93.5 square kilometers), and the resident population is about 5.02 million, the gross building area is approximately 106 million square meters (covers 350 000 private house). Before 2015, 21 projects have been listed in the urban renewal program (the land size is 69 square kilometers), the area of urban village reconstruction is nearly 12.7 square kilometers, the total investment will exceed 33 billion yuan.

According to the full investigation, 12.45 percent of migrant workers have no shelter in cities in China, they mostly stuck to their trans – regional residence back and forth, or live in villages. The average living space of urban migrant workers is 6.8 square meters both inside and outside the city. It is far below the standard of the registered population (20.9 square meters) and the national average (23.7 square meters).

3.2 The Present Housing and the Reform Progress

In terms of housing, the rural migrant workers don't get a guarantee from the government as same as the city census register population. on the contrary, higher entered threshold and consideration paid lead to recurring structural contradictions of market, the housing problem of migrant workers is going to be doubly difficult. The village in Shenzhen is an exception, 63.7 percent of floating population's living way is renting house, covers less than 1 square meters per capita, but the booming plot ratio exceeds more than 4 (the plot ratio of developed countries is 2, and China is 0.2).

There are three patterns in the urban renewal project, including a comprehensive improvement, functional change and removed reconstruction, it aims to enhance the gathering function and radiating capacity. In 2004, Shenzhen is the first city without villages and farmers, and energetically develops strategies in the light of local conditions, preliminary form widespread and forward situation of "three old transformation". However, the exposed illegal building is as much as 35.5 million square meters, it becomes the "scar" of modern cities.

3.3 The Policy Support and the Social Security

The central government has issued regulations since 2005, in 2007, the Ministry Of Construction (MOC) has put forward the housing fund should be gradually to cover migrant workers who have permanent jobs in city, and "Guidance on Improving Migrant Workers' Living Conditions" promulgated in 2008 has brought the housing problems of migrant workers into urban planning for the first time. As an immigrant city, Shenzhen plays a leading and exploratory role in reform and opening up policy, and sets up housing rental administration at the local level, according to the system of "Two – Grade Government, Three – Grade Management".

The housing supply mode is based on inhabitancy and complement (including staff dormitory, temporary settlement, living room, policy for purchasing house and settling), it provide residents with affordable housing of 1.5 ~ 1.8 million square meters, the old resettlement area has been completely removed, and is preparing for reconstruction planning. Relocation housing of government accounts for 0.8 percent of all rental market, from the perspective of profitable population, urban Villages really bring housing benefit for more low – level population.

4. Migrant Workers Housing Dilemma in Shenzhen

4.1 Before the Reconstruction of Urban Villages: Migrant Workers are the Passive Recipients of Housing

In Shenzhen, migrant workers are facing with different kinds of difficulties before and after the reconstruction of Urban Villages. Urban Village is an adverse sequela in the process of urban rapid development, it lags behind the pace of changing times and drifts away from modern city management, these low – level residential areas have so many drawbacks before the reconstruction of urban villages.

4.1.1 The Weak Infrastructure and the Adverse Conditions

The "Urban Village" of Shenzhen has originated in the 1980s, at the beginning of the special economic zone's establishment. It has been mature since the second half of the

1990s, and experienced large-scale construction of the climax four times altogether. So far, architectural space and construction pattern of Urban Villages have been basically formed. A large number of farmer rooms build constantly from three or four floors to five or six floors, although it violates the law, this behavior forces the government finally to relax on the legal construction standards of private houses with no more than 480 square meters of space per household, now the imbalance of supply and demand indirectly encourages the overloaded sprawl.

The living conditions are harsh which lack of public infrastructure, illegal buildings are very crowded and depressed and the space landscape is disorganized. Because the government is afraid to spread the "city disease", they try to exclude migrant workers from city's housing system upon subjective, such an action may exacerbate a mutualisolation between migrant workers and urban society. What's worse, the natural gas and fire equipment cannot enter the Urban Villages, it will breed a major source of hidden danger. Migrant workers inhabit them but cannot enjoy the conveniences from the city. The building design does not conform to the requirements of specification, neither internal nor external.

4.1.2 The Blind Planning and the Arbitrary Regulation

Back in the early stages of Shenzhen's urban evolution, in which has not got rid of the extensive growth pattern from a small fishing village to the big city, the aborigines have built buildings to earn dividends and rental through racing to use "private plots" by stock cooperative organization or themselves. On the one hand, housing construction has great spontaneity and blindness; On the other hand, the government fails to simultaneously to achieve the citizenization of migrant workers from the system. This leads to derailment of urbanization and industrialization in economic transition, and produces deep-seated barriers towards social justice and sustainable development.

The construction of Urban Villages is not included in the category of unified urban planning, the space form of high density is muddling, such as "handshake building", "confronting building" and "thin strip of sky". The density of buildings is locally as high as 80 percent. It has become another "urban landscape". It reflects a kind of narrow thinking that blindly pursuing short-term profit maximization, becomes an exogenous economy via the rental housing and the collective property, as well as villagers' living system or social relationship network which is based on the link of blood cohesion, its essence is a traditional rural settlement which contains the folk belief.

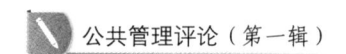

4.1.3　The Backward Culture and the Conservative Ideas

The influence degree of urban housing quality improvement for migrant workers is very small, the migrant workers are apt to consider themselves as passers – by in city and manifest their pessimistic indifference, it makes this group become the corner and blindness as happiness forgets, and also creates a new rentier class. Through loopholes in the policy of urban reconstruction, "second generation ancestor" and "nouveau riches" have become bywords of aborigines.

Firstly, the unenterprising peasant consciousness and the unearned speculative mentality cause mass active unemployed population, they totally can make a living relying on the earnings from pure land and real estate; Secondly, the corporations also have no new sources of economic growth of their own, due to the special geographical location and land property right institution, they have created the pillar position of homeowners' parasitic economy; Finally, the urban villages accommodate not only the rental economy, but also "the underground economy" and "the black industry", they provide favorable places for pornography, piracy, smuggling, score and settle, and other illegal and criminal activities. The development trend of urban village's economy runs counter to the urban civilization.

4.1.4　The Ill – disciplined Security and the Chaotic Environment

In Urban Village, the workshop, warehouse and housing are muddled up with the city, it becomes a "problem village" whose land layout is conflicted with a functional structure. In addition, the migrant worker as a tenement often avoids doing household registration because of "substandard condition", under existing law the migrants who have no fixed residence can not get their temporary residence permits, so the Urban Villages just become the best shelter for evading urban management inspection.

Rural urbanization reflects the broken chain of urban construction management, it cannot overcome the inherent limitation, and would be reduced to a den of iniquity in urban society. The floating population in rental housing is difficult to manage effectively, the urban village socioeconomic collapse. The illegal private houses occupy land resources outside the boundary line of land for expanding all leasing space, the phenomenon of "Sidaluanjian" undermines the public living environment, the migrant workers' residential quality is plummeting generally. There is neither peaceful and wide rural landscape nor comfortable and orderly urban characteristic in the Urban Village. It has been gradually alienated to a "non-rural and non-urban" unique form, and greatly reduced the potential value of the surrounding area.

4.2 After the Reconstruction of Urban Villages: Migrant Workers are the Neglected Subjects of Housing Once Again

Although the migrant workers are the main body of urban villages rather than the main body of reconstruction, this result of reconstruction will directly exhaust their housing interests. The urban transformation focused on the land but not the resident that forced migrant workers lose a tiny bit of land, these second-class citizens had to "vote with their feet" and choose to leave, the city would suffer both labor flight and a brain drain.

4.2.1 No Compensation

The lingering Hukou differences make the migrant workers to move outside the city system, their employment, education and social security are equally constrained. The migrant workers are not in the compensation scope of urban villages' reconstruction, the government is more likely to offer empty promises even ignore this problem, none of the subsidy actually go to the people who are most in need. Without identification of citizenship, the migrant workers can only swallow insult and accept humiliation silently, and do not dare safeguard their own rights and interests, that is a far cry from the slogan the city government once had about "You are the citizens of Shenzhen, if you come here".

By contrast, the indigenous people don't have to come out to work by the appreciation of land, and turn to be the landlords who collect rents from the migrant workers. The owners are affected by the demolition not only can get compensation, sometimes also can blackmail a tidy subsidy from the government. Most of the migrant workers who have one family but live in two places chronically homeless, they have a deep diaphragm with the urban society. Because they break away from the behavior constraints of family organization and the behavior norms of social organization, once the homeless are too many to governance, it would threaten the social stability and order.

4.2.2 No Resettlement

Generally speaking, the migrant workers' residence demand is not high, the urban village can better cater to their consumption preference. With the unreasonable growth of city housing price and rent, the number of suitable housing resource within the migrant workers' affordability is insufficient. The urban village is just a helpless choice to find a place to live in. Coupled with the reconstruction project will not arrange alternative housing for them through transferring to the temporary residence. The migrant workers can only be displaced when they encounter a sudden demolition. City renewal should provide government backing and have direct benefits to the residents whose living conditions and income levels are low. however, such a goal always gives way to the real interests. It is an unsolved problem in mighty development that the migrant workers must be forced out.

The overwhelming tide of migrant workers presents "migratory birds style" in regional migration, the fragile sense of belonging makes some migrant workers melt back into the countryside, this deviates from the original intention of urbanization. Some aggrandizing officials attempt to give favorable publicity to Urban Village which will hinder urban sighting and tarnish city image, on the one side, it is reconstructing while there is an expansion of construction on the other side, in essence, that's often a self-destructive abuse at work by robbing one's belly to cover one's back.

4.2.3 No Welfare

The new generation of migrant workers has gradually become the mainstream, these "agricultural second generation" are wandering in the edge and gap of city, they want to integrate into the city and make a living, but it is difficult to cross the invisible barriers. They have a higher level of education and a stronger sense of national treatment, if they are unreasonably denied welfare benefits enjoyed by other city-dwellers, they'll easily form a psychological gap. The man who has no property has no conscience, then it would probably inflame a vicious cycle contains a series of social contradictions.

Obviously, the migrant workers cannot afford to buy commercial housing. meanwhile, the economical houses accounted for only 6.6 percent of the total supply. They are less likely to get welfare house or set up shacks, they often face deportation and will be cleared away who are renting the apartments in urban villages, also lost the ultimate legal remedy system. Furthermore, the current construction progress of social indemnificatory housing is unsatisfactory, due to the shortage of building land, and the process of pre-approval is very complex, such as planning, compensation, demolishment and fund, the approach about making sure each step of accomplishing each link is replaced by another barrier. The welfare house can not be born and completed in time, it causes the faltering construction schedules, and low housing starts, low housing completions, low housing supplies, in the end the welfare allocating house can be looked at but not touched among the migrant workers.

4.2.4 No Guarantee

The implementation and accountability mechanism of housing security still needs to be strengthened, for reversing the situation of unclear division of the institutions' power and responsibilities, turning the inefficient cooperation around. If the city government ignores the social function that urban villages provide a virtual low – rent housing for migrant workers, and implements large – scale reconstruction and renovation which only consider the aboriginal interests, but it will widen the gap of affordable housing. The transformation pattern led by real estate development can reduce the cost of management, and solve the environmental problem of the clutter of Urban Villages, but transfer and create greater social tensions and risks, the urban function is weakened at the same time.

The existence of "illegal construction" means that the migrant workers are not the recipients who can obtain relief, but the offenders who must accept punishment. The government can wield their power arbitrarily without any responsibility. The control of "slum" is at the expense of social justice. All the non – local domiciliary and low – income families entitled to low – rent housing security and basic living allowances are not basically receiving them now. "Housing difficulty" still has plagued the migrant workers in urban villages, their position is lower than the citizens who live in the shanty towns which are counted as typical slums, the city they live in has become their most strange home.

5. Migrant Workers Housing Governance in Shenzhen

The roof of tough – and – tumble and the unapproved construction projects is the absence of government – dredge scheme for migrant workers' housing. After the dust of reconstruction fall to the ground gradually, all parties are looking again at the gains and losses. The starting point of housing reform should be everyone has the house to live instead of branching out on their own. The key to modify the material space is to let "Urban Village" continue functioning the provision of housing for the majority of affected groups.

5.1 Keep a Buffer Zone

Do not seek the regional interests of Urban Villages, only seek the living interests of migrant workers, this should be the starting point of urban reconstruction which is led by the government. The Urban Village involves the explicit interest subjects (including developer, government, villager and village collective) and the implicit interest subjects (including the floating population, demolition unit and evaluation institution). The government represents the public interest, and cannot bias and ignore either party, so different subjects participate in the urban governance together.

The overall efficiency of urban agglomeration needs to enhance, and the living environment of migrant workers also needs to improve, simplistic reconstruction of should turn to the scientific reconstruction. Avoid one – off reconstruction and bulldozing the migrant workers' settlements, providing the shelter to serve as a landing spot for migrant worker to live. The renovate and progressive reconstruction is helpful to dredge the streets, support the facilities and consolidate the annexes. Intensify the construction of low – rent apartments can play an intermediary role in buffering and transition for personnel assignment and reassignment, legalize the low – rent houses and incorporate all this into the cohesive management of property. To reduce damage of the current social and economic life as much as possible in the city, continue the urban function of urban villages, and take the opportunity of material reconstruction to promote the cultivation of the civil spirit simultaneously.

5.2 Redefine a Harmonious City

Urban villages' existence is reasonable, it is an orderly, self – organizing and resemble – unit operating system which can better meet the needs, it has a sustainable and irreplaceable social function. The rental housing seems self – interested, but it shares a certain role of government. The idea called "thrombus" moves toward optimization of the present situation, confirms the value identity of stakeholders that urban village exists as a "real city", the reconstruction mode of large – scale demolition and construction also seems to have turned a corner.

The urban management issues should not be a reason for the forced demolition by authorities, and should be transformed into a perfect moment for the improvement of urban governance. Strengthen the public governance of the related project developers to ensure the procedure justice of urban renewal. The Urban Village seemingly reduces the comprehensive benefits of urban land intensive utilization, but plays a special role that the government cannot do and the market would not do – to provide resources of low – cost housing. On this basis, advocate "self – situ – model" or "micro – reconstruction" that is on the premise of retaining and expanding rental economy, namely, to realize self – reconstruction and self – management by Urban Villagers or village collectives in the original location, so highlight the strong tension of social autonomy, rather than the old routine of demobilizing the migrant population through reconstruction.

5.3 Establish an Urbanites' Status

In China, there are two kinds of urbanization in urban development: One is official urbanization, the government makes land acquisition and land purchases in collaboration with developers for grabbing the land increment income, the migrant workers are crudely excluded from the industrialization and urbanization; The other is that city residents and migrant workers "integrate" into the city, the construction and development of urban villages are an important way of citizen participation in urbanization, reflect the policy orientation of folk creation and vibrancy. Reverse the institutional discrimination of "neither freedom nor welfare was given", move in the opposite direction and use the housing to manage people. Combine the mobility of migrant workers with the immobility of residential houses organically, standardize the housing rental market. The overall absorption of voluntary organizations and social groups will provide a full range of social services.

The low – rent housing is to address the housing requirements of the poor in special need, but not to encourage the achievements in work; The one is to satisfy the vulnerable minority groups in priority who are unable to work or unemployed, but not to reward the "model worker". The migrant workers belong to the working class, has always been a mainstay of the study. So, clear its position of a "wholly owned workers", they should be treated equally and receive more attention, because the overall development of a city cannot be established it on damage or deprivation of migrant workers' rights and interests.

5.4 Cultivate a Smaller Town

In the "one country four world" framework, migrant workers is a projection of the third and the fourth world. The important task of promoting urbanization is allowing eligible workers who have left agricultural work with the registration requirements to gradually become urban residents, guiding the labor – intensive industry in diffusing strategically from central city to small and medium – sized towns, it will make further efforts to optimize spatial arrangement based on regional carrying capacity. The migrant worker as a member of the city also has human rights, through improving the related "package approach" and supplementary service, such as children's education, health care and so on, make them integrate and take root in urban social life.

The urban village has root and spatial fixation, the future path of "rootage" includes: Firstly, protect the original ecology and external form of urban villages (such as Hakka Ancestral Hall), accelerate the modernization of internal facilities, social management and public service; Secondly, is the combination of town and country, the goal of reconstruction is not to make a new start and a new town, the one – side gentrification will only stifle the basic conditions of labor lives and well – being; Finally, the old city reconstruction scheme should formulate the feasible and operable action planning guidelines from the city macroscopic overall development, it can not separate the different areas and act as one pleases.

6. Conclusion

Excessive – urbanization and over – urbanization will make it difficult to sustain the population, land, resource and environment, it is precisely the Urban Villages which can really save the city. "Manages the commodity same management city likely, looks like the marketing enterprise same marketing city" to become the domestic and foreign each greatly chief city gradually the management mentality, yet the very concept of "making and managing the city like a city" was flawed, just as the industrial city planning considers only productivity undermine the idea of a town, such as garden city, green city, etc. If we transform the Urban Village into a factory district or an industrial zone, it will lost the motivity and vitality of urban sustainable development, and go against the one of the government's most competitive and all – inclusive governance advantages – to make a balanced allocation and an integrated planning.

"House is the foundation of human, and human takes the house as home." Thinking about the location of "home" in each person's mind, if the "migrant workers' house" can be overflowed in cities, and the city remains a home that will sustain all citizens, the above problems will be readily solved. Ultimately, find a balance between fairness and efficiency, we should realize that having a place to live is the first step to the realization of settling down, live and work in peace, enjoy a good and prosperous life. Reconstruction of Urban Villages also should be a prologue to improve the migrant workers' housing.

References:

[1] Wei Lihua, YanXiaopei. Transformation of "Urban Village" and Feasible Mode [J]. City Planning Review, 2005 (7).

[2] Liu Huili. Urban Village, Migrant Worker and Public Space [J]. Management & Technology of SME, 2010 (9).

[3] Zeng Song. ZhouQiren's Review of Chinese Urbanization: The City Doesn't Looks Like a City, the

Village Doesn't Looks Like a Village [N]. Yangcheng Evening News, 2012 – 11 – 08.

[4] Wang Xiaozhang. From "Existence" to "Recognition": Issues of Peasant Workers in the View of Citizenship [J]. Sociological Studies, 2009 (1).

[5] Lu Xueyi, Gong Weibin. From System and Mechanism to Solve the Problems of Rural Migrant Workers [J]. CountrysideAgricultry Peasantry, 2006 (9).

[6] Hao Junying, Zhang Yuhan. Analysis of Housing Issue of Migrant Workers in the City [J]. China Real Estate, 2009 (1).

[7] Urban Planning Land and Resources Commission of Shenzhen Municipality. Special Planning of Urban Renewal ("Three Old" Transformation) in Shenzhen [EB/OL]. Government Website, 2014 – 06 – 16.

[8] National Bureau of Statistics of the People's Republic of China. Special Investigation of Migrant Workers' Living Quality Condition in the City [N]. News, 2006 – 10 – 25.

[9] Wang Ning. Fixed Houses Versus Floating Workers – the housing problems of 99 million migrant rural workers have still not been resolved urgently [J]. Urban and Rural Development, 2005 (3).

[10] Ma Hang. Renewal of City Village in Shenzhen from Perspective of Urban Sociology [J]. City Planning Review, 2007 (1).

[11] Zou Zhe. Win – win: Research on the Transformation Strategy of "Urban Villages" as Migrant Enclaves [N]. Central South University, 2010 – 05 – 01.

[12] Urban Planning Land and Resources Commission of Shenzhen Municipality. Housing Planning of Shenzhen (2011—2015) [EB/OL]. Government Website, 2011 – 07 – 05.

[13] Zhu Xiaoyang. Reconstruction of Urban Villages: From Comprehensive Reconstruction to the Common Participation [N]. Chinese Social Sciences Today, 2012 – 01 – 09.

[14] Qin Hui. Which One isEquivalent to "the Slum" [N]. The Economic Observer, 2011 – 04 – 22.

[15] Qin Hui. Problems of the New Pauper's Residency Rights in City – how to think about "shanty town", "unauthorized construction", "urban village" and "low – rent housing" [J]. Tribune of Social Sciences, 2012 (1).

[16] Ding Jun. From Zheng Gongcheng: Having Adequate Housing Instead of Ownership [N]. The 21st Century Business Herald, 2007 – 03 – 15.

[17] Zhang Shuguang. The Essence of Urban Villages Reconstruction is the Competition Between Government and Civilian for Profits [N]. Economic Daily, 2008 – 10 – 04.

[18] Qin Hui. "Welfare Housing" and Low – rent Housing [N]. The Economic Observer, 2011 – 05 – 07.

[19] Urban Planning Land and Resources Commission of Shenzhen Municipality. Overall Urban Planning of Shenzhen (2007—2020) [N]. Government Website, 2007 – 12 – 20.

突发事件致创伤后应激障碍的研究现状分析

王 晴*

(对外经济贸易大学 公共管理学院,北京 100029)

摘 要:突发事件造成人们的巨大心理创伤像流感一样在受灾群体中传播,如果这种心理创伤不能够得到及时的专业干预,就可能发展成为创伤后应激障碍。这种心理疾病不仅让当事人承受心理上的巨大痛苦,造成身心的严重损害,还具有临床识别率低、患病率高、慢性病程、疗效差等特点。通过文献分析,本文从流行病调查、心理、生物机制、临床治疗层面等不同角度对PTSD进行了分析。

关键词:创伤后应激障碍;灾难;应急管理

一、引 言

创伤后应激障碍(Post-traumatic Stress Disorder,以下简称PTSD),是指突发性、威胁性或灾难性生活事件导致个体延迟出现和长期持续存在的心理障碍。引发PTSD的既可以是人为性突发事件,例如暴力行为(如战争、恐怖活动、抢劫或强奸)、危及生命的事故(如房屋倒塌、交通事故、工业事故)、经济动荡(包括近期发生的国际金融危机、股市暴跌等突发事件),也可以是自然引发的灾难(如海啸、洪涝灾害、火灾、地震),经历或目睹上述事件者,包括救援人员、灾害指挥决策人员、抗灾的部队官兵也容易产生PTSD。

PTSD对患者破坏性强,造成的经济损失巨大,因其具有临床识别率低、患病率高、慢性病程、疗效差等特点而备受关注。将心理急救纳入突发公共事件应急救助

---

* 作者简介:王晴(1974—),女,河北邯郸人,对外经济贸易大学公共管理学院教师,主要从事跨文化管理、组织心理学研究。

工作可以有效预防控制 PTSD 的发生和发展。

二、PTSD 的研究背景

（一）社会背景

从世界发达国家发展规律看，经济进入快速发展阶段往往是安全事故高发阶段。因大气、海洋、土壤等环境遭到破坏导致的各种自然灾害和人为事故越来越多，造成的损失也越来越大。当前，全世界军队冲突不断发生，许多国家卷入其中。恐怖主义也已泛滥成为国际公害。

我国是自然灾害最严重的国家之一。新中国成立 60 多年来，全国每年因各种灾害造成的经济损失约占国民生产总值的 3%～6%。仅 2008 年一年各类自然灾害造成直接经济损失 11 752 亿元，比 2007 年增加 4 倍。2008 年全国因地震和生产安全事故死亡约 16 万人。2008 年全年大陆地区共发生 5 级以上地震 87 次，成灾 17 次，其中汶川 8.0 级地震造成死亡近 7 万人，数十万人受伤，数百万人受灾，其负面影响可以说是触目惊心。

北京地处Ⅷ度高地震烈度地区，存在诸多产生大规模灾害的自然条件。随着北京城市建设步伐的加快，道路交通、生命线工程、安全生产、环境污染、化学、火灾等人为因素事故灾难频发。环境灾害、地质灾害、信息灾害、超大地下空间、超高层建筑等特殊场所综合事故、城市工业化灾害与重大危险源、传染病疫情等将是主要潜在灾害。作为特大城市，北京人口稠密、建筑密集、经济要素高度积聚，突发事件危害程度严重。

突发事件造成人们的巨大心理创伤像流感一样在受灾群体中传播，如果这种心理创伤不能够得到及时的专业干预，可能发展成为 PTSD。主要表现为病理性重现、噩梦惊醒、持续的警觉性增高和回避，以及对创伤经历的选择性遗忘和对未来失去信心。PTSD 使患者自杀、患精神或躯体疾病的危险性显著增加，可能导致工作能力丧失，引起家庭、社会功能的丧失等。影像研究发现，PTSD 患者会产生大脑海马萎缩等器质性功能障碍。当人受到极大的精神打击时，大脑可以发生器质性障碍，会发展为无论是改变环境还是时间流逝都无法解决的疾病，即终身患病，造成严重的后果和巨大的社会负担。因此，PTSD 的防治是政府应急管理体系不可缺少的环节，也是评估政府应对突发公共事件的能力的标准。

PTSD 过去一直被学术界忽略，随着突发灾难性事件的增多，PTSD 研究的社会意义不言自明。有别于其他疾病，PTSD 不是单纯的学术问题，它与政府管理中应对突发公共事件的工作密切相关。突发公共事件应急体系科学、健全，政府应对突发公共事件的能力水平直接关系到创伤后应激障碍的流行范围与治疗方案的制订。PTSD 的研究可以为突发公共事件应急政策的制定、突发公共事件应急体系的完善提供科学依据。

（二）学术背景

突发的灾难创伤会引起创伤后应激障碍，任何经历过不寻常创伤的人都会受到突发事件的影响，但是遭受到同样的灾难，为什么一些人会发展为创伤后应激障碍而另外一些人则不会？学者们尝试从不同的角度来诠释这种疾病的易感因素，从患者的生物遗传因素、人格、早期童年经验到社会支持系统以及创伤的严重性，越来越多的证据显示，上述因素在发展创伤后应激障碍上是相互关联的。我们首次把应激等待作为 PTSD 个体易感性的重要因素单独划分出来，纳入应激稳定认知测试，作为 PTSD 的临床诊断标准。

以巴甫洛夫为代表的俄罗斯生理心理学派认为个体应激反应差异是神经类型的个体差异，神经兴奋抑制过程强弱不同。PTSD 个体易感素质是神经活动强度的弱化特征，表现为神经细胞的快速衰竭。但是以往的研究并没有对神经强度弱化发生的机制、具体神经细胞结构内有哪些变化给予解释。近些年研究表明大脑生物电波是神经兴奋强度弱化的生理指标。但是 EEG 脑电图不同频谱的神经细胞机制以及相应的生物校正手段还是研究的空白。

三、PTSD 疾病研究现状分析

当前国际学术领域关于创伤后应激障碍的研究集中在以下几个方面。

（一）PTSD 的流行病调查

美国每年因为 PTSD 而导致的社会经济损失大约为 30 亿美元。在美国 50% ~ 70% 的人一生会经历创伤性事件，5% ~ 12% 的人会发展成为 PTSD，患病率平均为 8%，PTSD 的终身患病率女性约为 10%，男性约为 5%。德国研究结果显示其人群总体患病危险性仅为 1.3%，而阿尔及利亚研究结果显示高达 37.4%，PTSD 患者的自杀危险性亦高于普通人群，高达 19%。

目前国内还没有关于普通人 PTSD 流行病学的权威数据，但已有学者对一些特殊地区和人群做了这方面的研究。对唐山大地震所致孤儿的调查表明，23%出现了PTSD。对洞庭湖洪灾区7~15岁儿童的PTSD的发生情况进行了研究，研究显示，洪灾后儿童PTSD的发生率是17.1%，成人的发生率是33.8%。张北地震的急性应激障碍的发生率为6.1%，3个月内的PTSD发生率为18.8%，3个月后为7.2%。2001年的研究表明，地震后17个月受灾青少年的PTSD发病率为9.4%。对中国军人的PTSD流行病学研究表明，总患病率为4.86%，陆、海、空和学员的患病率分别是4.84%、5.80%、8.84%和2.27%。对车祸事件后的人群研究发现，有40.7%的人符合急性应激障碍的诊断，38.3%符合PTSD的诊断。

（二）记忆系统紊乱是PTSD临床症状的重要组成部分

记忆印痕形成与长时程突触增强（LTP）有关。在海马的传入纤维及海马的内部环路主要形成三个兴奋性突触连接系统，在这些系统神经元附近记录到按刺激强度分级的诱发电位，形成LTP。诱导LTP的两个主要因素是强直刺激的频率和强度，一定强度的刺激可提高单个刺激引起的EPSP的幅度，而一定频率的刺激可使EPSP产生叠加效应，作用的结果使突触后膜的去极化达到一定程度，使位于NMDA受体通道内阻止Ca^{2+}内流的Mg^{2+}移开，这样当递质与NMDA受体结合后，通道打开，Ca^{2+}内流，胞内Ca^{2+}浓度升高，继而触发一系列生化反应，改变膜的性质，导致LTP产生。Ca^{2+}在LTP诱导过程中起着重要作用，在低Ca^{2+}溶液中不能诱导产生LTP效应，高浓度的Ca^{2+}可直接诱导LTP及增强诱导的效果。但是过高的Ca^{2+}浓度会造成海马的损伤，分子生物学的动物实验显示，阈下刺激组实验动物电刺激停止后72小时内海马细胞钙超载。细胞内游离Ca^{2+}浓度持续增高，可促使大量Ca^{2+}沉积于线粒体，导致其氧化磷酸化电子传递链脱耦联，ATP合成障碍，致使神经细胞内离子浓度异常而严重影响神经元兴奋性；同时，细胞内游离Ca^{2+}浓度持续增高还可以通过与蛋白结合而引发多种神经毒性作用，而且在突触后兴奋性传导、Ca^{2+}内流诱发的突触活动性改变以及活动依赖性核基因长时程表达调控中有重要意义。因此，当细胞内Ca^{2+}超载导致CaM-CaMKIIa信号途径调控异常时，可触发神经细胞内这些复杂的信号转导链，启动多级核转录因子，特别是依赖性反应元件介导的基因调控路径，引发神经细胞长时程基因表达、调控异常，促使CNS神经可塑性改变，最终导致学习、记忆、行为等认知功能障碍与情绪反应异常。而患者在强的应激状态下，会导致海马内Ca^{2+}超载，从而引起应激状态下的不易消退的长时效应或突触形态改变，进而导致创伤性记忆的障碍。

(三) 发病机理研究

PTSD 脑影像研究发现，大脑中某些区域与创伤的表达密切相关，如边缘系统中的海马体积持久性缩小。通过 PET 研究显示，PTSD 患者在某些区域脑血流严重减低，包括眶额皮层、前扣带回、前额叶正中皮层（Brodmann's areas 2、9）、梭状回/颞叶下皮层，而在后扣带回、左皮层下相关区域及运动皮层的激活性增加。

脑电图研究也表明 PTSD 患者 alpha 波减少而 beta 波增加，beta I 兴奋增加超过额叶正中皮层平面和左枕部的区域，beta II 兴奋增加表现在额叶，theta 波范围超过额叶正中区，表明皮层过度兴奋，延长觉醒时间，额叶对激活的调节失调，增加 theta 波兴奋可以帮助解释海马体积的改变，说明 PTSD 患者发生神经生物学的改变。

一些学者从 5-HT2A 受体、肾上腺糖皮质激素受体、GABA-A 受体等方面探讨 PTSD 的神经化学分泌的机制，认为精神应激过于强烈或持久会导致调节中枢兴奋和抑制过程中的神经递质的表达改变，导致形成 PTSD。在 PTSD 的基因组翻译研究中发现，P11 和线粒体基因组是创伤后应激障碍的重要生物标记物。

(四) 治疗研究

PTSD 的治疗目前还缺乏特异性药物。一般情况下，抗抑郁药五羟色胺（5-HT）重摄取抑制剂（SSRIs）是治疗 PTSD 的首选药物。其他抗抑郁药也常被用来治疗 PTSD，如 5-HT 与去甲肾上腺素重摄取抑制剂文拉法新（venlafaxine）和 DA 与 NA 重摄取抑制剂安非他酮缓释剂（Bupropion Sustained Release，SR），但疗效并不确切。

部分抗焦虑药也会被用来治疗 PTSD，并且具有一定的疗效。苯二氮卓类药物（benzodiazepine，BDZ）、咪达唑仑（midazolam，MDZ）能够破坏条件性恐惧记忆。还有研究者也证明低剂量安定（Diazepam）和抗癫痫药 2-丙基戊酸钠（valproate）能够减少小白鼠的凝固行为和焦虑症状。苯二氮卓类药物与抗癫痫药一般都能够增加 GABA 与 GABAA 受体相结合的能力，增强 GABA 的神经传递功能和突触后抑制效应，减少多巴胺的释放。虽然抗焦虑药对改善动物的恐惧和焦虑行为有一定的作用，但此类药物在临床上治疗 PTSD 的疗效还需要进一步验证。

对动物的研究证明非典型抗精神病药（如氯氮平、奥氮平）与典型抗精神病药（如氟哌啶醇、氯丙嗪）能够抑制条件性恐惧的获得。抗精神病药一般都能够阻断 D2/4 受体，因此降低多巴胺系统的功能是抗精神病药治疗 PTSD 的可能机制。

Bessel 等随机双盲比较研究了氟西汀、眼动脱敏与再现（EMDR）暴露和安慰剂对照的长期随访结果，发现在 PTSD 症状改善方面安慰剂组为 42%，氟西汀组为 47%，EMDR 组为 62%，在疗程结束后的 2~6 个月随访期间，EMDR 组疗效稳定，但氟西汀组症状有反复。在 PTSD 非药物（心理）治疗上，目前认为认知行为治疗、情绪调节和人际技巧训练以及修复创伤记忆等是有效的，特别是对 PTSD 病人的社会功能和情绪功能康复。

参考文献：

[1] 何鸣杨，德森. 翻车事故幸存者中精神创伤后应激障碍［J］. 中国心理卫生杂志，1993，7（4）.

[2] 王焕林，崔庶. 中国军人心理创伤后应激障碍的流行学调查［J］. 中华精神科杂志，1996，29（2）.

[3] 张本，王学义. 唐山大地震心理创伤后应激障碍的抽样调查研究［J］. 中华精神科杂志，1999，32（2）.

[4] 赵丞智，汪向东. 张北尚义地震后创伤后应激障碍随访研究［J］. 中国心理卫生杂志，2000，14（6）.

[5] 张本，王学义. 唐山大地震所致孤儿心理创伤后应激障碍的调查［J］. 中华精神科杂志，2000，33（2）.

[6] 金伟华. 神经系统用药：01021 帕罗西汀治疗惊恐症与 PTSD［J］. 国外药讯，2001（1）.

[7] 刘光雄，杨来启，等. 车祸所致创伤后应激障碍的临床研究［J］. 河北精神卫生，2001，14（3）.

[8] 赵丞智，李俊福，等. 地震后 17 个月受灾青少年 PTSD 及其相关因素［J］. 中国心理卫生杂志，2001，15（3）.

[9] 伍志刚，刘爱忠，等. 洪灾区成人 PTSD 及其危险因素的研究［J］. 中国临床心理学杂志，2003，11（3）.

[10] 甘景梨，高存友，等. 军人创伤后应激障碍患者的多种诱发电位变异与临床随访［J］. 中国心理卫生杂志，2004，18（7）.

[11] 张本，姜涛，徐广明，等. 唐山大地震所致慢性创伤后应激障碍临床研究［J］. 中国心理卫生杂志，2005，19（8）.

[12] 施琪嘉，谭红，陈璟. 创伤后应激障碍时大脑不同区域的特异性变化与闪回性记忆及其分离状态［J］. 中国临床康复，2005，9（4）.

[13] Charles R. Marmar. 创伤后应激障碍的生物学与治疗进展［J］. 上海精神医学，2006，18（4）.

[14] 颜志伟. 论创伤后应激障碍的司法精神病学鉴定［J］. 中国实用神经疾病杂志，2008，11（4）.

服务型政府视角下完善流动人口管理服务体制的对策思考

葛 芳[*]

(南京邮电大学 人文与社会科学学院,江苏南京 210023)

摘 要:流动人口的管理与服务是城市发展壮大过程中无法跨越的一道坎儿。对城市而言,流动人口既是"财富",又是"包袱"。目前,流动人口的管理与服务已引起我国各级政府部门的高度关注与重视。本文旨在从建设服务型政府的角度,提出完善流动人口管理服务体制的对策建议。

关键词:服务型政府;流动人口;管理;服务

建设服务型政府是现代市场经济条件下政府职能的基本定位,是当代政府公共管理的发展潮流,是完善社会主义市场经济体制的根本要求,是中国政府职能实现重大战略转变的必然要求。《中国流动人口发展报告》(2015年)显示,到2014年年末中国流动人口达到2.53亿人,预计2020年将逐步增加到2.91亿人[1]。流动人口已经成为当前城市经济和社会发展的一支不容忽视的力量,流动人口对所在城市的经济发展做出了重要贡献。流动人口作为中华人民共和国的公民和纳税人、所居住地的重要建设者,在中国政府不断提高公共服务能力、不断向服务型政府转变的过程中,理应成为政府服务的重要对象,各级政府应当改变以往对流动人口以控制为主的管理手段,增强对流动人口的公共服务能力。本文从建设服务型政府的角度出发,探讨如何完善流动人口管理服务体制。

---

[*] 作者简介:葛芳,女,南京邮电大学人文与社会科学学院讲师,主要从事公共管理研究。

一、流动人口管理服务的研究综述

国内从管理角度研究流动人口的文献，侧重于研究如何对流动人口进行有效管理，并提出了健全法制、依法管理、分类引导、合理调控、热情服务等观点。针对我国流动人口管理与服务方面存在的问题，学者们都提出了具体的对策建议，主要集中在三方面。第一，立足于法律建设，提出健全完善流动人口管理与服务的相关政策法规。乔晓春在其《户籍制度改革：进程中的困境》一文中提出，加快流动人口管理与服务立法，逐步取消与户籍制度衔接的各项公共政策，完善有关流动人口住房、医疗、教育、社保等公共服务政策。第二，立足于机制建设，提出不断改进流动人口管理与服务的体制机制。郑杭生、陆益龙等学者提出，要把流动人口服务管理纳入当地城乡统筹发展，理顺城市社会管理体制，对民主政治、市场经济体制、社会管理改革等做相应的系统化制度设计，使城市更加和谐、包容[2]。第三，立足于提供优质服务，提出拓宽流动人口管理与服务的具体内容。杨晓东、张喜才在其著作《北京市城乡结合部流动人口社会管理与公共服务研究》中提出，加大对流动人口聚集地基础设施建设的投入，做好流动人口计划生育、职业培训、文化活动等服务工作，着力解决流动人口就医、子女入学、住房、社会保险等方面的问题。以上是专家学者对流动人口管理与服务内容进行的整体阐述，此外国内还有很多学者就某一项制度、具体的服务内容等进行了细致研究，比如对管理的机构协调化、手段现代化，对流动人口的出租屋管理，对解决流动人口医疗保险、子女教育等进行了深入研究探讨。

二、当前城市流动人口管理服务体制存在的问题

（一）管理理念方面存在问题

尽管现在市民普遍意识到要转变观念，善待流动人口，但许多城市政府仍对流动人口采取防范式的管理模式。这种消极式的管理必然会带来一系列问题，如采取乱收费或者不合理收费方式，以致到最后演变成了收费式管理制度。20世纪90年代后期，流出地政府积极为外出打工人员发放外出务工许可证，但流入地政府极不协调地以控制流动为工作中心，地方公安部门的目标是维护社会治安和打击流动人口犯罪。虽然多方的目标都致力于"有序流动"，但实际上有多个职能单位的管理

行动却成了"无头管理"。尽管近年来各地一些新的服务项目在某些领域逐渐出现，但这些服务都是各自为政，未形成全局性影响。随着科学发展观、建设和谐社会等理念的深入人心，传统陈旧的管理模式早已不能适应形势的发展。转变思想理念，从"重管理轻服务"向"服务管理并举"转变，考虑实际诉求，体现人性关怀，是开创流动人口服务和管理工作新局面的必由之路。

（二）管理体制尚待理顺

一是管理机构运行不够正常。尽管每个城市都成立了流动人口服务和管理工作领导小组，并设置了领导小组办公室，构筑了辐射全市的工作网络，但由于领导小组办公室不是专业机构，指导和协调职能并不能完全胜任。虽然公安局承担流动人口管理的重大职责，但这工作是一项兼具系统性与复杂性的工程，需要社保、民政、计生等部门和基层政府密切配合，且由于公安局在统筹规划和协调配合工作上缺乏权威性，难以形成各司其职、齐抓共管的局面，流动人口服务和管理工作还未得到根本改观。二是协管人员配备不到位且待遇偏低。如在江苏，按照有关文件规定，每500个流动人口配备一名协管员。就目前情况来看，很少有城市达到这一标准，大部分地区勉强过半数或者不足三分之二。专职流动人口协管员队伍的工资待遇标准偏低，还有部分人员是兼职。三是个别地区经费投入甚少。有些乡镇派出所从有限的治安联防经费中支付流动人口协管员的工作经费。四是基层管理职责不够明确。乡镇、街道等基层组织对流动人口管理服务工作缺乏具体明确的管理职责和管理任务，导致一些基层党政领导对流动人口服务管理工作不够重视，流动人口服务和管理工作缺乏深度、力度和制度保障[3]。

（三）合法权益保障存在薄弱环节

诸多事实证明，尤其是从事工业和服务业的流动人员，他们在保护各自合法权益方面处于不利地位。主要表现为两点：一是政策不够完善。虽然近些年来在加强流动人口服务和管理工作方面出台了一些政策性文件，但部分还仅仅是部门内部规定，不够系统和完善，尤其是比较缺乏对流动人口居住和就业的相关政策，使他们无法享受到均等化的公共服务。二是合法权益保障不到位。一些企业用工却不按规定签订劳动合同，不能按时足额发放工资待遇、劳保福利，不按规定办理社会保险、工伤保险，不执行最低工资标准，随意延长工作时间且不足额发放加班费或根本没有加班工资，生产现场安全隐患频现，女工特殊权益得不到保障等问题和现象普遍存在，由此引发的各类维权纠纷也比较常见。许多流动人口的住所依然存在居住条件差、环境恶劣等现象。在流动人口中很难有效开展法制宣传教育活动。

另外,流动人口适龄子女就学条件不甚理想,公办学校因其办学规模限制,吸纳本地户籍适龄子女尚显困难,要吸纳流动人口适龄子女压力就更大,部分"蓝天学校"和简易学校办学软硬件条件较差,师资力量薄弱。

三、流动人口管理服务体制创新的探索与经验启示

(一) 有关创新流动人口管理服务体制的探索

当前,经济发展较快的地区主动顺应流动人口服务和管理的新趋势,积极将原先的部门管理为主转变为政府统筹管理。一是设置常设办事机构。如许多城市都先后成立了市级流动人口管理工作办公室,部分地区还成立了新居民事务管理局,统一指挥和协调流动人口服务管理工作。广东省东莞市成立了由市委、市政府领导带队的流动人口与出租屋管理工作领导小组,在市府办设立出租屋及流动人口管理工作处,实行定编定岗定责管理。苏州市、宁波市也专门成立了在流动人口管理工作领导小组领导下的流动人口管理办公室,并分别在市、区、镇(街道)和村(社区)设立了四级管理组织体系。二是建立经费保障机制。如广州市建立起经费保障机制是以当地财政供给为主的。三是建立综合信息平台。如上海市积极整合各有关部门的人口信息资源,对管理标准和载体进行统一,建立了集居住、就业、经营、社会保险、治安、计划生育、疾病预防控制等管理功能于一体的流动人口综合服务管理系统。上海还建立了与流动人口输出地合作的源头互动管理机制。四是建设务实稳定的协管员队伍。如一些地区对流动人口协管员队伍实行力量整合、职能交叉,较好地发挥了一岗多职的作用,既提高了管理效能,又较好地解决了他们的工资福利待遇。五是推行居住证制度。福建省积极推广倡导无差别一体化的新型管理服务体制,由重管理向重服务转变,选择在流动人口较多、条件较为成熟的部分小城镇综合试点试行居住证制度,建立覆盖城乡的流动人口服务管理站,在流动人口较多的企业建立流动人口综合服务中心,全面落实"市民化待遇、亲情化服务、人性化管理"的措施。

(二) 启 示

经济发达地区在流动人口管理工作中先行先试,逐步探索出了一套行之有效的工作思路和方法,值得其他城市学习和借鉴。不管是上海、广东还是福建,在管理

工作中都做到了进一步转变思想,将服务流动人口放在第一位,这也与建设服务型政府的目标相一致。实际中,充分考虑流动人口的各项权益保障,逐步给予其市民待遇,引导流动人口主动参与当地经济社会建设,实现城市共建共享。在管理机制上,设立流动人口管理的常设机构、创建流动人口源头互动管理新机制等都是值得借鉴学习的好经验。

四、服务型政府视角下完善流动人口管理服务体制的对策建议

(一)加快推进管理理念的改变

1. 树立从"管理"向"服务管理并举"转型的理念

随着经济的飞速发展和社会的不断进步,同时,也伴随着我国新型工业化和城市化进程的深入加快推进,全国流动人口的数量大幅度增加。客观来讲,流动人口是我国经济社会发展的重要组成部分,为地方经济社会快速发展和城市建设做出了不可磨灭的积极贡献。实践证明,一直以来我国传统的单向型"上下级命令服从式"管理模式和理念已经不能满足现实的需求,所以,我们要积极推动向"平等交互式"服务模式和理念的科学转变,创新制定更加科学化和人性化的各项服务管理措施,让流动人口能够安心在城市生存和生活,自觉融入城市生活体系中,继续为城市发展做出贡献,真正成为城市的一份子,从而实现社会协调持续发展。

在经济发展方面,政府不仅自身要认识到,而且要开展社会心理疏导,使社会群体都认识到流动人口与常住人口是互相补充、休戚与共的关系,共同支撑着产业链的各个环节,不能"废此存彼、厚此薄彼"。在城市发展方面,要认识到流动人口的贡献是不容忽视的,离开流动人口,城市将运转不灵。在利益分配方面,要认识到流动人口与常住人口并不矛盾,按劳分配,各得其所。在管理理念方面,要从过去的"编外管理""补缺管理""出租屋管理""监控管理"转变到"接纳管理""融合管理"再到"服务管理并举",从"利用、防范、歧视、排斥"到"平等、包容、参与、接纳",树立流动人口与常住人口"利益共同体"的新理念[4]。

2. 树立"综合管理"理念

我国行政管理手段之所以存在着单一性,是因为计划经济时期遗留下来的思维

模式影响还比较深远，所以，当前"命令式"的行政管理模式在一定程度和数量上客观存在，在流动人口数量少和流动周期不频繁的时候，政府多采用行政手段来进行流动人口管理。但是，现在我国流动人口数量多、规模大，而且流动极其频繁，而且流动人口的需求更新也快，行政管理达到预期目的的方式往往更多地依靠行政的、经济的、法律的、思想教育的等综合手段[5]。

一方面，流动人口的服务管理不仅需要流动人口输出地和流动人口输入地加强地域之间的协助配合和横向联动，还需要各级人民政府职能部门加强部门之间的有机配合和纵向联动。另一方面，流动人口的服务管理要充分发挥高科技手段，采用网络信息化技术，实施网格化管理，建立覆盖全国的社会保障服务体系，转变在流动人口工资发放、技能培训、劳动保障、子女就学、养老医疗等诸多领域的传统模式和观念，积极创新多种科学管理模式和手段。

（二）建立以政府为主导的多元主体合作机制

1. 完善制度建设，坚持政府管理为主体

人口流动，尤其是城市化进程中农村人口向城市流动是一个复杂的过程，涉及方方面面的问题，必然有一个从无序向有序、从自发管理向政府管理转变的过程。借鉴发达国家城市化进程中的经验，我们应当尽快规范对流动人口的管理。首先，从源头上，为农村剩余劳动力提供外出就业信息，形成制度化的外出途径。几乎所有步入人口流动过程的社会最初都依赖个人（老乡、亲戚和朋友的帮助）来获得外出的信息和帮助，但是，长远地看，制度化的外出信息是解决人口流动问题的必然要求。

其次，在流动过程中，为外出就业的人口提供小额资助，帮助其度过最初寻找工作期间所面临的经济困境。因为研究显示，进城农村人口能够在一两天内找到工作的比例非常低，为其提供启动资助是非常必要的。据一项调查显示，只有0.5%的人在一两天内找到了工作，用了一周时间的占到44.5%，用了一个月或更长时间的占到46.5%❶。

再次，形成解决流动人口在城市面临的困难的制度机制。这主要涉及提高流动人口对城市居住环境的适应性；提高流动人口在城市的职业技能适应性；保障流动人口在城市就业应有的薪酬水平；提供流动人口在城市陷入个人和社会纠纷时的救助机制。

---

❶ 刘成友. 七名大学生的农民工生活：在陌生城市生存七天[N]. 人民日报，2007-09-07.

最后，用制度保障我国人口流动的有效性。这主要涉及合理解决流动人口在城市的居住（住房）问题；解决进城农村人口的身份认同问题，使其身份与职业相一致，取消"农民工"的不合理称谓。安居方能乐业，解决外来人员在城市的家庭居住问题也势在必行[6]。

2. 发挥社会作用，打造多主体联动合作机制

由于流动人口服务管理是一项复杂的社会系统工程，因此，在推进流动人口社会管理与公共服务一体化过程中，应当建立包括政府、社会组织、流动人口三个主体在内的多层次服务管理体系。毫无疑问，政府在管理和服务流动人口中应起主导作用：一方面，政府制定的各项政策，从政策的具体内容到政策的未来走向，对流动人口服务管理起着根本性作用；另一方面，政府相关职能部门几乎涵盖了全部的管理服务工作，在构建服务型政府过程中，政府需要通过提供全面的、高质量的公共服务来加强对流动人口的管理，以促进社会的和谐。因此，无论是流动人口的管理体制和管理方式，还是公共服务提供的内容和程度，政府的角色和作用都是十分关键的[7]。

在现代社会中，政府不可能包揽社会管理和公共服务的全部。自20世纪90年代以来，中国的各类社会组织逐渐得到发展，开始参与社会管理，特别是在公共服务中发挥着越来越大的作用。由于社会组织具有民间性、非营利性、公益性等特点，可以发挥政府起不到也不应起的作用，能够与政府之间形成一种优势互补、良性互动的关系[8]。因此，在为流动人口提供服务的过程中，需要充分发挥社会组织的作用，使之成为连接政府和社会的桥梁和纽带，成为协助政府进行流动人口综合管理和服务工作的重要主体。

近年来，在一些地方实践中，出现了"外来人口协会"等流动人口自发形成的组织，一方面，顺应了"小政府、大社会"的社会公共管理模式要求，是对市场经济条件下流动人口服务管理方式的有益探索，可以充分发挥其自我管理、自我教育、自我服务的作用，弥补政府职能部门管理的不足，并节约管理成本；另一方面，这些组织能够及时了解流动人口的基本情况，如居住地、家庭状况、就业情况、婚育状况等，这样可以掌握实时、全面、动态的流动人口信息，作为政府行政职能部门制定政策、实施管理的基本依据。

（三）推进流动人口基本公共服务均等化

基本公共服务包含的内容较广，它是人们最需要的公共服务，它所提供的是

关乎人生存与发展的服务，一般包括社会保障、住房、教育、就业、卫生医疗等多方面的公共服务。这类公共服务在社会快速发展、城乡差距、贫富差距日益扩大的今天显得日益重要，它能在很大程度上改善差距问题，这类服务提供的好坏不仅影响到个人，还会影响到整个社会的发展与和谐。当前我国各城市政府一直把建成服务型政府作为自己的努力方向，要建成服务型政府，该政府一定是能够为本市居民提供较好公共服务的政府。这里的居民既包括本市常住人口，又包括外来流动人口，尤其是对流动人口公共服务的供给程度更能反映政府职能转变的程度。

在《中共中央关于制定国民经济和社会发展第十二个五年规划的建议》中涉及对流动人口公共服务供给的问题，在促进区域协调发展方面，它指出要处理好常住人口与流动人口之间的关系，可以通过政策保障做好管理与服务工作，为流动人口提供必要的公共服务，保障其能够在城市生活，政府要把自己建设成不只为常住人口服务的服务型政府。然而尽管党和政府在政策上已经着重关注流动人口的公共服务保障问题，但由于流动人口自身实际的问题，这一群体在城市中的生存发展仍面临着极大的挑战，例如由于其文化水平普遍不高，因此劳动技能整体上偏低，所付出的与所得到的不成正比；又比如他们的养老保险问题，流动人口的参保率普遍较低，养老保险异地转移接续的困难较高。

在中国公共服务政府的建设过程中，必须以科学发展观为指导，充分认识提高对流动人口公共服务能力的重要意义。要以实事求是的态度，从城市基础设施和公共服务水平出发，扎实稳妥地解决好流动人口面临的各种困难和问题，逐步消除对流动人口在公共服务方面的不平等待遇，使流动人口在子女教育、医疗卫生和公共福利等公共服务领域享有与当地城市户籍居民同等的待遇。

参考文献：

[1] 吴佳佳. 2020年我国流动人口将达2.91亿[EB/OL]. [2015-11-12]. http://www.chinadaily.com.cn/hqcj/zgjj/2015-11-12/content_14326609.html.

[2] 郑杭生，陆益龙. 开放、改革和包容性发展——大转型大流动时期的城市流动人口管理[J]. 学海，2011(6).

[3] 刘涵. 社会管理创新视角下的城市流动人口管理研究——以常州市新北区为例[D]. 苏州：苏州大学，2013.

[4] 秦攀博，秦桂平. 国家治理视域下的流动人口服务管理机制创新——以广州市番禺区为例[J]. 探求，2014(6).

[5] 张贞. 创新流动人口管理与服务研究——以 A 省 B 市为例 [D]. 重庆：西南政法大学，2014.

[6] 郭岩涛. 上海市外来流动人口管理模式探索——以徐汇区为例 [D]. 上海：上海交通大学，2010.

[7] 陈丰. 流动人口社会管理与公共服务一体化研究 [J]. 人口与经济，2012 (6).

[8] 朱少雄，林昆勇，赵铁. 试论我国流动人口综合管理和服务体系构建 [J]. 学术论坛，2010 (12).

城乡养老一体化与政府财政回应性研究

王圆圆 王华春*

(北京师范大学 政府管理学院，北京 100875)

摘　要：提升财政对居民需求回应的及时性和有效性是提高政府公共服务水平的重要内容和具体表现。中国城乡养老趋向于多元化，政府财政供给有必要对此重大问题进行积极回应。通过单调的回应性模型发现城乡养老一体化下政府财政回应性对财政补贴、养老机构与设施、老年维权协调组织与老年大学在校学习人员等方面较为敏感，政府在社会养老中的作用显著，但对于经济支持、生活照料、精神慰藉仍缺少财政回应性，在对主要变量的相关性结果进行分析的基础上其探究出现的主要原因，从持续提高老年人经济支持水平、丰富多元化老年人生活照料体系、探索全方位老年人精神满足途径等方面，进一步提高政府养老财政回应的及时性和有效性。

关键词：财政回应性；城乡养老；及时性；有效性

一、引　言

美国评论家罗伯特·达尔指出："民主最主要的特征就是政府对公民的偏好不断地做出回应。"我国学者尹恒指出："财政回应性是指，政府公共支出决策回应居民公共物品偏好和需求的程度。"本文研究的城乡养老一体化政府财政回应性是指政府的财政支出决策对居民关于城乡社会养老保险的偏好与需求的回应程度。政府对居民偏好和需求的回应性程度，对政府公共服务水平产生重要的影响。城乡社会养老保险一体化是指将新型农村社会养老保险与城镇居民社会养老保险合并，建立

---

* 作者简介：王圆圆，女，北京师范大学政府管理学院博士生，研究方向为公共经济与公共财政；王华春，男，北京师范大学政府管理学院副教授，博士生导师，研究方向为公共经济与公共财政。

全国统一的城乡居民基本养老保险制度，使城乡居民公平地享有基本养老保障，城镇居民社会养老保险制度与新型农村社会养老保险制度共同构成我国社会养老保险体系。

从城镇社会养老保险和农村社会养老保险的制度变迁过程来看，城镇已经建立起了包括养老、医疗、最低生活保障制度等在内的较为全面的社会养老保险体系，而农村的社会养老体系并不完善，养老保障程度较低。据国家统计局统计，2000年在中国农村8.33亿人中，65岁以上的老年人口估计占7.36%，到2030年6.64亿农村人口中，65岁以上的老年人口将达到17.39%，为1.29亿。农村社会养老保险如果不进行改革，将进一步拉大贫富差距，加深城乡经济和社会结构的二元化分裂格局。因此，2014年2月7日，国务院决定合并新型农村社会养老保险和城镇居民社会养老保险，建立全国统一的城乡居民基本养老保险制度，合并后城乡居民社会养老保险制度以个人缴费和政府补贴相结合为主。

在老年人的界定上，我国不同于国际上将65岁以上的人确定为老年人的做法，根据我国《老年人权益保障法》第二条规定"本文所称老年人是指60周岁以上的公民"，我国界定60岁以上的公民为老年人。国际上的通常看法是，当一个国家或地区60岁以上老年人口占人口总数的10%，或65岁以上老年人口占人口总数的7%时，即意味着这个国家或地区的人口处于老龄化社会。第六次全国人口普查的数据显示，我国60岁及以上人口占13.26%，其中65岁及以上人口占8.87%，我国老龄化进程在逐步加快。

养老是公民在60岁之后因身体器官衰退、体力下降、生活需要照料所带来的一系列问题，包括对老年人的经济支持、生活照料和精神慰藉。经济支持是指养老金、子女的经济供给、政府的财政补贴等，即满足老年人生活需求的资金来源。生活照料是指老年人身体机能开始衰退，健康状况下降，在日常生活中需要他人的照顾。精神慰藉是指满足老年人的精神生活。

由于城乡二元化经济结构和社会结构的存在，政府对城乡社会养老保险一体化的财政回应仍存在着较大的问题。本文就是以上述内容作为探讨政府对城乡社会养老保险财政回应性分析的逻辑起点，根据养老的内涵即经济支持、生活照料、精神慰藉方面相关的因素，作为政府财政回应性指标的设置依据，并尝试对各变量与政府财政回应性的相关性进行假设。分析城乡经济社会结构影响社会养老保险财政回应的因素，阐释城乡社会养老财政回应性中存在的问题与原因，并探讨增强政府对城乡社会养老保险财政回应性的有效途径，有助于优化中央顶层设计，促进城乡养老保险一体化进程的实施和完善。

二、城乡养老一体化政府财政回应性影响因素的假设

政府对城乡养老一体化的财政回应性的影响没有特定的因素,文章根据城乡养老的基本内容,进行影响因素的假定。我国养老一般包含经济支持、生活照料、精神抚慰方面的内容,政府在这三方面相应的财政回应性直接体现在对养老财政补贴、养老机构和设施、老年维权协调组织、老年大学在校学习人员等方面的财政支出水平,相关性越大,财政支出越大,回应性越强。本文尝试提出如下相关性假设。

(一)假设1:经济支持与政府财政回应性较稳定

根据《国务院关于建立统一的城乡居民基本养老保险制度的意见》规定,城乡居民养老保险基金由个人缴费、集体补助、政府补贴构成,其中,政府对符合领取城乡居民养老保险待遇条件的参保人全额支付基础养老金。由此可以看出,政府对城乡养老保险的财政支出有明确的法律规定,政府不能随意改动养老金的数额及中央和地方政府的补贴比例。因此,对于城乡养老保险的政府补贴方面,各级政府承担着不可推卸的责任,必须按时足额地发放到居民手中,政府养老补贴财政支出较稳定,政府回应性较稳定。

(二)假设2:生活照料与政府财政回应性呈正相关

养老机构和设施的建设数量和水平与政府的财政回应性呈正相关关系。在养老方面我国主要实行多元化的养老模式即自我养老、家庭养老和社会养老,政府发挥的职责和作用主要体现在社会养老方面。老年人没有自我养老的能力,而且由于各种原因家庭养老也很难实现,就需要住进养老院,老年人对养老机构和设施的需求就比较大,政府在这方面对城乡养老财政的回应性表现在建设养老机构和设施的财政支出水平上。

(三)假设3:精神抚慰与政府财政回应性呈正相关

随着物质生活水平的提高,老年人的精神需要也相应提高,关注点不再仅局限于自身温饱的解决,更在于业余生活的丰富多彩。并且,受电视、新闻、广播等媒体因素的影响,老年人的维权意识也相应提高,老年人对政府的要求不仅仅局限于养老补助的提高,更在于精神需求的满足。老年大学提供摄影、画画、舞蹈等多种兴趣班,能够满足老年人不同的精神需求,而老年维权协调组织保障老年人的基本

权益不受侵犯。在此前提下,本文假设政府对老年大学在校学习人员的财政补贴及对老年维权协调组织的财政补贴能够满足老年人的精神需求,老年维权协调组织和老年大学在校学习人员与政府财政回应性呈正相关关系。

三、政府财政回应性影响机制的测量及结果分析

(一) 政府财政回应性影响机制的测量

本文选择有效的财政回应测量指标研究城乡养老社会保险的回应性,本文以目前较有代表性的尹恒等的研究为参考依据,通过关联代表性个体的效用函数和政府效用函数,获取地方财政回应性的有效代理变量,即公共支出的比重。本文仅考察城乡养老一体化政府财政的保障支出,由此需要重新寻找代理变量。根据尹恒的财政回应单调模型,基于变量的选择,建立简单回归模型如下:

$$W_{it} = \theta RES_{it} + X_{it} \cdot \gamma + \mu_i \quad (1)$$

其中,W_{it}代表政府养老支出回应性的比重,RES_{it}代表本文中所需要检验政府养老支出回应程度的核心变量,包括养老服务机构设施、老年学校、老年维权协调组织等,μ_i代表不随时间变化的不可观测异质性因素。

文章选取的研究对象为60岁以上的人口,本文所使用的数据来源于中华人民共和国人力资源和社会保障部、全国人口普查网等网站提供的年度统计报表及中国财政年鉴、中国统计年鉴,利用SPSS12.0软件对数据进行处理。主要变量的统计描述如表1所示。

表1 主要统计变量描述(2008—2014年)

变量名称	观测值	均值	标准差
财政补贴(亿元)	7	2 360.57	759.70
养老基金参保人数(万人)	7	32 831.86	12 019.27
养老服务机构和设施(个)	7	47 907.57	20 568.75
老年维权协调组织(个)	7	88 714.29	20 981.85
老年大学在校学习人员(万)	7	612.30	80.17

本文以2008年到2014年的数据为基础,对财政补贴、养老基金参保人数、养老服务机构等进行统计,并对这7年的数据进行比较分析,从标准差来看,财政补贴、养老基金参保人数、养老服务机构和设施、老年维权协调组织、老年大学在校学习人员的波动性较大。进一步用Eviews8.0软件根据建立的回归模型分析,结果

如表 2 所示。

表 2 城乡一体化固定效应模型的估计结果

	（1）
财政补贴	-0.010 614
养老基金参保人数	0.000 349
养老服务机构和设施	8.527 709
老年维权协调组织	0.044 847
老年大学在校学习人员	18.612 18
是否控制时间变量	是
观测值	7

表 2 给出了固定效应模型的估计结果，在模型（1）中引入财政补贴、养老基金参保人数、养老服务机构和设施、老年维权协调组织、老年大学在校学习人员变量。可以看出，财政补贴作为被解释变量，没有发生太大的变化。总体上，可以看出各个变量对政府财政回应的相关性差别很大，系数呈正值，表明对政府财政回应性呈积极的正向拉动作用；数值呈负值，则导致抑制性的作用。具体来看，养老基金参保人数、养老服务机构和设施、老年维权协调组织、老年大学在校学习人员变量与政府养老财政回应成正相关的关系，差距越小，政府对养老保险的投入就越少，政府对养老的财政回应性就越缺少敏感性。

养老基金的参保人数，对财政的回应性影响较小，原因在于养老基金是政策性文件，各级政府对养老基金的支出都有明文规定，必须落实这一部分财政支出，这一结果为 0.000 349，没有通过检验，所以表明这部分财政在政策性因素的影响下回应性是一定的，各级政府对养老财政支出的责任、比例具有明确的规定，数额必须按照法律规定发放，不具有任意性。从中可以看出，政府对城乡养老经济支持上的稳定性和政策一致性，城乡居民对养老保险持信任的态度。

养老服务机构和设施是政府从生活照料方面对养老的财政回应性，从数值上看，养老服务机构和设施对政府财政回应性的影响较大，也就是表明政府对养老服务机构和设施投入的越多，财政回应性就越大，原因在于老年人由于身体各项机能的衰退，在生活上渐渐地不能自理，对生活照料的需求远大于经济支持的需求，养老服务机构和设施的投入能够解决老年人生活照料等方面的问题，满足老年人的需求。

老年维权协调组织、老年大学在校学习人员这些指标是政府从精神慰藉方面对养老的财政回应，从数值上看，老年维权协调组织呈积极的正向相关，这类组织越多，老年人的合法权益越能够得到最全面的保护，政府在这方面投入的越多，财政回应性就越大。老年大学在校学习人员数对政府财政回应性影响较大,从中可以看出老年大学对老年人业余生活的作用,这是因为老年人不能从事和年轻人一样正常的工作量,空余的时间较多,老年人通常会利用这些时间做一些自己爱好的事情,如写毛笔字、打地球、画画等,通常就会在老年大学里报一些相关的培训班,一方面,能够培养爱好;另一方面,老年大学里人比较多,方便交流沟通。因此,老年大学在校学习人员的数量充分地反映了老年大学对老年人在精神慰藉方面的需求。

(二) 结果及原因分析

1. 政府对城乡养老经济支持方面的财政回应较稳定

对比2008年以来的城镇居民养老支出数据,结合表2可以看出,政府对城乡养老保险的政策性支出较为稳定,这就表明,只要是政策规定的养老支出,政府都能够及时地发放到城乡居民手中,在这方面政府财政回应性较为及时稳定。但在城乡养老保险一体化的过程中,仍然存在着城镇职工养老和农村社会养老分配不公平的现象。这种现象的主要原因在于三方面:一是地区之间的经济发展不平衡;二是各地区的城乡一体化养老分配标准不一致;三是地方政府的责任不明确。这些原因导致城乡养老保险一体化建设的不完全性,然而就现有的政府养老金政策规定,政府财政的回应性较为及时稳定,不存在拖发、克扣等现象。

2. 政府对城乡养老生活照料方面的财政回应较缺乏

60岁以上的老年人,尤其是65岁以上的老年人,身体的各项机能已经进入衰退期,直接表现为体弱多病、行动不便、生活不能自理,再多的养老基金也比不上身边有人在生活上进行照料。因此,需要儿女家人的陪伴,但由于工作等各种原因儿女家人不能及时地陪在老年人身边,可能存在许多隐患,显然需要政府加大对养老机构和设施的投入力度。在实际生活中,城乡居民对居住在养老机构存在着截然相反的观点,城镇养老机构的入住率明显地高于农村养老机构的入住率,而且由于农村养老机构的入住率低,许多农村都取消了养老院。居民对政府的需求就是增加养老机构和养老设施的数量,增加社会服务,并且有专业的人员来集中照顾这些老年人,政府财政对养老机构和设施缺乏财政回应性。

3. 政府对城乡养老精神慰藉方面的财政回应较匮乏

老年人有较多的空余时间,需要利用这些时间来满足自身的心理需求,丰富精神生活,主要有棋牌麻将、逛街串门、旅游等形式,相对于农村,城镇为老年人提供了老年大学、老年活动中心等多种形式的精神满足方式,老年人有条件有机会到老年大学或老年活动中心，培养自己的特长，既能有效地利用时间，也能够和其他老年人一起交流沟通。但是，在农村中老年活动中心很少，老年人一般在家门口或者广场上活动，严格受诸如天气等客观因素的影响，最重要的是，接触新鲜事物的机会较低，如此日复一日，心理愉悦度不高。政府对城乡老年人精神慰藉方面的财政回应性还比较匮乏，缺少有效的合理的满足老年人精神需求的方式途径。

四、完善政府对城乡养老保险财政回应性的对策

（一）持续提高老年人经济支持水平

政府对城乡养老保险的回应性较为稳定，但是基本养老补助仍有较大的提升空间。表3描述了2006—2014年全国公共财政支出及增长速度、社会保障支出及占全国总支出的比重及增长速度、养老财政补贴支出及占全国总支出的比重及增长速度。根据表3可以看出全国公共财政支出每年都大幅度增加，但社会保障财政支出和养老财政补贴占全国公共财政支出的比重一直维持在10%和2%左右，比重并没有随着公共财政支出的增加而有所上升。这表明在我国公共财政能够承受的能力范围内，社会保障支出和养老财政补贴仍有提高的可能性。

表3 2006—2014年全国财政支出、社会保障支出及社会保障支出所占的比例

年份	全国公共财政支出 数值（亿元）	增速（%）	社会保障财政支出 数值（亿元）	比重（%）	增速（%）	养老财政补贴 数值（亿元）	比重（%）	增速（%）
2006	40 423	19.13	4 362	10.79	15.20	971	2.40	49.16
2007	49 781	23.15	5 447	10.94	24.87	1 157	2.32	19.16
2008	62 593	25.74	6 804	10.87	24.91	1 437	2.30	24.20
2009	76 300	21.90	7 607	9.97	11.80	1 646	2.16	14.54
2010	89 874	17.79	9 131	10.16	20.03	1 954	2.17	18.71
2011	109 248	21.56	11 109	10.17	21.67	2 272	2.08	16.27
2012	125 953	15.29	12 586	9.99	13.30	2 648	2.10	16.55
2013	139 744	10.94	14 417	10.32	14.55	3 019	2.16	14.01
2014	151 662	8.53	15 913	10.49	10.38	3 548	2.34	17.52

政府提高养老经济支持的财政回应性，应从以下几方面采取措施。一是根据养老补贴政策，结合本地区经济发展水平，制定出适合本地区的养老补贴规章制度。二是明确政府的养老财政补贴的责任和义务，政府的养老财政补贴应与地方经济发

展水平相匹配,并且随地方经济水平的发展随时进行调整。三是针对性地提高新农村老年人的财政补贴水平,最大限度地缩小本地区城乡二元化结构所带来的养老补贴差距。四是适当地提高政府所属范围内的低保家庭老年人的财政补贴水平,为老年人基本生活所需提供保障。五是针对空巢老人、失独老人等特殊群体设立专项养老财政基金项目,以备不时之需。

(二) 丰富多元化的老年人生活照料体系

我国现行的是自身养老、家庭养老和社会养老相混合的多元化的养老体系,自身养老的前提是老年人身体状况能够达到照料自己的条件,家庭养老主要是老年人和自己的儿女生活在一起,本文所关注的社会养老主要指养老机构和设施。在社会养老中,有很多老年人不愿意生活在养老机构,原因在于养老院离家较远,卫生条件较差,生活水平较低,也包括养老院员工缺少专业护理知识,服务态度差。但随着生活水平节奏的加快,养老机构养老将会成为一种主要的养老模式。因此,政府必须提高对老年人生活照料体系的财政回应性,加大对养老机构和设施的财政投入力度,主要包括:一是增加养老院的建设数量,以街道办事处或乡镇为单位建设养老机构,这样老年人既离家近又方便和其他老年人沟通交流,也能够经常见到自己的家人;二是完善养老机构设施建设和环境建设,将养老院建设成花园单位,借鉴国外养老机构的建设模式,不要呆板的房间式格局,可以建设成小区、四合院等形式,方便将老年人集中起来照顾,让老年人住在里面感觉是一种享受而不是一种压力;三是提高对养老机构中护理人员的培训补助,增强护理人员的专业素养,为老年人提供更加全面周到的服务。

(三) 探索全方位的老年人精神满足途径

由于老年人从工作岗位退休下来或者不能从事繁重的农业体力劳动,工作所带来的心理满足程度骤然降低,心理变得空虚和无助,很多老年人疾病的根源在于心理的抑郁、失落感和无助感。政府必须提高老年人精神满足的财政回应性,加大相应的财政补贴力度,满足老年人的精神需求。一是政府应加大对老年大学及老年维权组织等机构的财政补贴力度,减免老年人的学费和咨询费,鼓励老年人参加老年大学举办的各种活动,丰富老年人的业余生活,满足老年人的精神需求,并保障老年人的基本权利不受侵犯。二是在社区和农村广场周围建设老年活动中心,安装空调、电视、音响等相应的配套设施,让老年人的活动不受外界天气等客观因素的限制。三是定期地在老年人中间举办一些娱乐活动,比如戏剧下乡、老年广场舞大赛等，政府应给予相应的财政补贴。

（四）进一步增强财政行为对老龄化等回应的及时性与有效性

中国已经进入老龄化社会，随着老年人口数量的增多，自2014年2月开始，我国已经走向了城乡养老保险一体化的道路。但是由于城乡二元化结构的存在，政府对城乡养老一体化的财政回应性，在具体方面缺乏财政回应性。其中，测量结果显示财政补贴、养老机构和设施、老年维权协调组织、老年大学等对政府财政回应性的影响较大，原因也如上所述，相对于经济支持，老年人由于身体机能的衰退更需要生活照料和精神慰藉方面的财政补助。

由于本文使用的中华人民共和国人力资源和社会保障部、财政部的数据，能查到的数据没有将城镇和新农村的具体数据分开，文章重点揭示的是城乡养老一体化的整体面貌，对影响机理只是进行了简单的描述，只选择了有代表性的影响因素，没有探讨其他可能性的影响因素，在测量方面还缺乏细腻性，有待于进一步的补充和完善。

参考文献：

[1] Dahl Robert A. Polyarehy: Participation and Opposition [M]. New Haven: Yale University Press, 1971.

[2] 曹信邦. 新型农村社会养老保险制度构建——基于政府责任的视角 [M]. 北京：经济科学出版社，2012.

[3] 尹恒，杨龙见. 地方财政对本地居民偏好的回应性研究 [J]. 中国社会科学，2014（5）.

[4] 韦吉飞. 义务教育城镇化格序分裂及财政回应性研究 [J]. 教育与经济，2015（4）.

[5] 邓大松，丁怡. 城乡养老保险一体化视域下的财政支出结构研究 [J]. 改革与发展，2014（3）.

[6] 石丛. 我国农村老年人生活需求与社会支持研究 [D]. 济南：山东大学，2014.

[7] 吴连霞. 中国养老保险制度变迁机制研究 [D]. 北京：首都经济贸易大学，2012.

[8] 中华人民共和国人力资源和社会保障部网站，http://www.mohrss.gov.cn/.

[9] 中华人民共和国财政部网站，http://www.mof.gov.cn/index.htm.

新媒体时代《孙子兵法》对我国高校网络舆情管理的实践意义探究

范青青[*]

(对外经济贸易大学 公共管理学院,北京 100029)

摘 要:在中国古代管理思想的宝库中,被誉为"世界古代第一兵书"的《孙子兵法》是一部经典之作,其高度浓缩的管理思想已经渗透到当今政治、经济、文化、教育的方方面面。新媒体时代,移动互联网的普及以及新媒介文化在高校学生群体中的渗透,为高校大学生提供了自由获取舆论信息的便捷条件,也给高校舆论安全管理带来了极大的挑战。本文通过对《孙子兵法》中"五事""七计"的研究,试图总结其中的管理艺术和方法,以期对当前我国高校网络舆情管理工作提供一些理论支持和实践指导。

关键词:孙子兵法;五事;七计;高校网络舆情;管理路径

一、选题意义

近年来,随着互联网的不断普及和云计算、物联网、大数据等移动通信行业技术的快速发展,人类社会步入新媒体时代。在全面深化改革的背景下,中国社会各个阶层的公民意识逐渐增强。面对不断延伸和扩展的大众传播渠道,人们越来越多地利用网络这个"第四媒体"的平台获取信息,反馈自己的意见,释放自己的情绪。同时,因为网络信息传播的速度快、效率高、掩护性强,并且尚未建立或形成足够有效的管理方法,容易滋生谣言,造成负面影响,所以网络舆情管理在新媒体时代受到了越来越多的关注。

---

[*] 作者简介:范青青(1993—),女,江苏人,对外经济贸易大学公共管理学院2015级文化产业管理硕士生。

2015年7月23日,中国互联网络信息中心(CNNIC)发布了《第36次中国互联网络发展状况统计报告》。报告显示,截至2015年6月,我国网民规模达6.68亿,其中,手机网民规模达5.94亿;互联网普及率为48.8%,较2014年年底提升了0.9个百分点。[1]从报告中可以看出,目前我国的网民群体仍然以青年为主。从年龄结构来看,我国总体网民中的31.4%都属于20~29岁的青年。从职业结构来看,网民中学生群体的占比最高,为24.6%。从学历结构来看,大专及以上学历的网民在总体网民中占比20.6%。

以上数据表明,高校网民的意见角色在参与到网络舆情的发展中可能产生的作用不容小觑。高校是知识分子和青年学生的汇集地,也是使用网络最集中的地方之一,网络已成为师生信息传递、情绪表达、情感交流的重要平台。无论是社会热点事件或者校内突发事件都有可能在短时间内引起高校舆论波动甚至骚乱。高校舆论安全是校园安全的重要组成部分,是高校教学工作得以正常开展的前提。

习近平总书记在2014年2月27日主持召开的中央网络安全和信息化领导小组第一次会议中发表了重要讲话。他指出,做好网上舆论工作是一项长期任务,要创新改进网上宣传,运用网络传播规律,弘扬主旋律,激发正能量,大力培育和践行社会主义核心价值观,把握好网上舆论引导的时、度、效,使网络空间清朗起来。在大力维护国家文化安全的背景下,如何构建新媒介环境下的高校舆论安全成为一个重要的议题。

二、文献综述

本研究的文献来源主要是中国同方知网和万方数据库。

(一) 高校网络舆情

新媒体时代,我国高校的网络舆情管理的重要性日益突出,与国家安全战略密切相关。然而,国内学者对"高校网络舆情"问题的研究与其重要性相比明显不足,这主要体现为研究起步晚、专著成果少。

舆情研究在国内学术界是一个新的领域,直到2003年才出现第一部舆情基础理论专著《舆情研究概论》。国内首部对网络舆情进行开拓性深入探讨和全面研究的著作《网络舆情研究概论》直到2007年下半年才面世。在这种基础理论依托不足的背景下,高校网络舆情研究的缺乏自然不难理解。[2]

在万方数据库中搜索"高校网络舆情",共找到相关论文1 004篇。针对该议题的研究从 2007 年开始出现，在 2013 年得到了国内学者的普遍关注。目前国内的文献专著大体集中在探讨高校网络舆情的特点、管理对策、动态监控、危机应对等方面。

北京交通大学的刘燕和刘颖认为高校网络舆情有着"内容多元并分散""有特殊的制造和参与主体""形成过程迅速"等自有的特征。在管理中要综合运用 BBS、E-mail、QQ（群）、博客等网络交流载体，改变教育方式，与同学平等交流；可以尝试采用班级 QQ 在线进行班级事务讨论，充分发挥网络共享性、便捷性的优势，提高学生参与的积极性。[3]

琼州学院的马春来认为，对于高校网络舆情的管理应该形成一种专业化的模式，要有国家的支持、政府的主导、高校的实施，形成长效机制。[4]广西大学的冼季夏、顾慕娴、吴宏宇等认为，对于高校网络舆情的管理应建立监测机制以及突发事件的应急机制。具体做法是：一要成立突发事件指挥中心，以加强高校各部门间的协调，提高应对重大突发事件的能力；二要有网络重大突发事件和敏感时期对网络管理进行引导的应急处理预案；三要加强学校与师生的互动，确保师生对自身利益相关问题及热点事件的知情权。[5]

（二）《孙子兵法》的管理艺术

诞生于春秋末期的《孙子兵法》，被誉为"兵学圣典"。近年来，越来越多的专家学者开始关注《孙子兵法》中蕴藏的管理艺术和深刻内涵，并将古人的大智慧、大思想灵活运用到现代生活的方方面面。在万方数据库中搜索"孙子兵法"，共有 2 537 篇相关的论文，主题涉及军事、政治、文化、商业、体育竞技、航空航天等各个领域。《孙子兵法》不仅是一部"古代军事奇书"，更是一部"现代管理指南"。

（三）本文的创新之处

1. 定义"高校网络舆情"

在目前已有的研究文献中，"高校舆情管理"并没有一个明晰准确的概念。笔者结合众多学者的观点，将高校网络舆情的概念整合为：大学生和高等教育工作者及其他社会公众对所有自己关心的高等教育方面的公共事务所持有的各种情绪、意愿、态度和意见交错的总和。

2. 研究角度新颖

在文献综述的过程中，笔者发现，虽然国内有相当多的学者对《孙子兵法》的管理艺术和高校网络舆情管理这两方面的研究颇多，但是目前还没有出现将这两者结合起来研究的著作。本文另辟蹊径，从《孙子兵法》中的"五事""七计"角度去分析其中蕴含的管理艺术，并结合当前我国高校网络舆情管理的现状，提出合理的方法和路径。

三、《孙子兵法》与高校网络舆情管理

孙武在《孙子兵法》开篇《计篇》中，简明扼要地提出了决定军事胜败的基本因素——"故经之以五，校之以计，而索其情"。"五事"者，"一曰道，二曰天，三曰地，四曰将，五曰法"。"七计"者，"主孰有道？将孰有能？天地孰得？法令孰行？兵众孰强？士卒孰练？赏罚孰明？"

以"五事""七计"为中心内容的战略预测思想和运筹理论，是《孙子兵法》全书的核心思想之一。孙武认为"凡此五者，将莫不闻，知之者胜，不知者不胜"，强调将帅只有对"五事"深入了解，运筹帷幄，对"七计"全面分析，灵活运用，才有正确预测战争输赢，赢得最终的胜利。

《孙子兵法》不仅适用于古代军事领域，其管理艺术和哲学内涵在当今中国的社会生活中仍旧熠熠生辉。在新媒体时代，我国高校网络舆情管理的工作开展得如火如荼。如何在网络舆情管理工作中取得理想的效果，是高校教育工作者和行政管理人员思考的问题。下文将分析《孙子兵法》中的"五事""七计"对我国高校网络舆情管理工作的借鉴意义。

（一）一曰道，二曰天，三曰地——令民与上同意，注重天时地利

"道者，令民与上同意也，故可与之死，可与之生，而不畏也。"老子《道德经》里的"道可道，非常道"以及《易经》中的"形而上曰道，形而下曰器"都认为"道"是无形的，是无法用语言来形容的，但孙武却认为，"道"就是使民众和君主意见一致，这样能够让民众与君主同生共死，而不欺瞒诡诈。如何做到这一点，孙子也给出了答案："王者之道，厚爱其民者也"，"视卒如婴儿，故可与之赴深溪；视卒如爱子，故可与之俱死"。只有真正体恤民情，关爱士兵，才能获得人心，使之同生共死。

"天者，阴阳、寒暑、时制也。地者，远近、险易、广狭、死生也。"孙武认为，行军打仗必须重视天气，熟知地形。"七计"中的"主孰有道？天地孰得？"对应了"五事"中的"道""天""地"，而这"三事"实质上强调的是将领在行军打

仗的过程中要注重天时、地利、人和。

对于我国高校网络舆情管理工作而言，"道"是一种具有高度凝聚力的思想基础、一种以人为本的管理机制、一种共进退的文化氛围，能够让在校大学生同高校教育工作者及行政管理人员上下一心，团结一致。而"天"和"地"则是高校舆情管理所面临的总体环境。

新媒体时代是高校网络舆情管理的大环境。移动互联网的普及和新媒介的出现极大丰富了信息的传播渠道。微博、微信、QQ、BBS等社交平台受到越来越多的高校师生的青睐。随着"自媒体"时代的来临，传统的话语权分配模式发生改变，大学生的话语权得到极大提高。一方面，他们利用校园网络平台及其他形式对高校内部的管理、教学、服务等与人才培养密切相关的工作提出自己的意见，表达自己的观点。另一方面，他们通过各种媒介获取信息，对网络事件和社会热点进行自己的解读与评价，表达不同的立场和价值观。

值得重视的是，大部分在校大学生的心理还不够成熟，仍处在世界观、人生观、价值观的塑造期，也更容易受到网络舆情中"意见领袖"的影响。无论是社会热点事件还是校内突发事件都有可能在短时间内引起高校舆论波动甚至骚乱。网络是没有边界的，在特定条件下，社会网络舆情会波及校园内部，校园内部网络舆情也同样会"外溢"为社会舆情事件，甚至最终演变成校园或社会群体性事件。[6]所以高校加强思想政治教育、培养网络"意见领袖"、畅通大学生的表达渠道和反馈机制、建立舆情监控机制和危机应对机制就显得更加重要。

（二）四曰将，五曰法——提高领导能力，严格管理制度

"将者，智、信、仁、勇、严也。"《孙子兵法》中的"将之五德"高度概括了一名优秀将领的素质修养——智勇双全、仁严有度、诚信威严。所谓"千军易得，一将难求"，占有并合理地使用管理人才，是决定战争胜败的关键。

兵家尚"智"，是应对残酷战争现实的需要。孔子说"智者不惑，仁者不忧，勇者不惧"。只有对即将发生的事件有充分的了解、有应对之策，管理者才能在管理过程中心存仁义、严格管理，遇事决断、勇敢无畏。"信"，是令行禁止的威信，是言必行、行必果的信用，是对下属的信任，是坚定执着追求理想的信念，是维持一个组织凝聚力的先决条件。作为管理者不仅要坚持不懈地以诚信待人、以威信立身，更要以信用感召、以信誉图存。[7]

"法者，曲制、官道、主用也。"孙武认为，"法"就是训练、教育、装备和法规、制度。"七计"中的"将孰有能"对应了"五事"中的"将"，而剩下的"法

令孰行？兵众孰强？士卒孰练？赏罚孰明"则都是在强调"法"的重要性。

在我国高校网络舆情管理工作中，管理主体和规章制度的重要性不言而喻。如何增强管理主体的"将之五德"，如何建立一套严格明确的管理制度，并将"法"贯彻到日常管理工作流程中，是高校网络舆情管理部门和行政管理人员需要思考的问题。

管理主体多元化是高校舆情管理的一个重要特点。一方面，高校网络舆情的触发点通常源于师生对校内突发事件的关注，其管理主体必然涉及校（院、系）党委部门、学生（研究生）工作处、宣传部门、网络技术部门、保卫处、后勤服务部门等。另一方面，由于校园网络舆情具有社会化的倾向，高校网络舆情的管理主体也在一定意义上扩展至校外的公共权力机关。在这种多部门管理的背景下，各管理主体之间的协同合作程度和管理能力会直接影响高校网络舆情管理工作的成效。所以，在管理过程中，管理主体要提高自身的管理水平，确保各部门之间的相互协作，加强与学生的交流，提高为学生服务的能力，同时也要贯彻落实相关的规章制度，严格遵循工作流程，制定明确的奖惩制度。

四、高校网络舆情管理路径

基于上文的分析，笔者提出以下几点高校网络舆情管理的路径。

（一）同心同德，加强高校思想建设

加强高校思想建设，能够帮助高校形成特有的文化氛围，能够为网络舆情管理提供思想保证，能够使高校所有人员团结一致，上下一心。

1. 加强思想政治教育

在管理过程中，既要注重对师生进行思想政治教育，大力宣传党的指导思想，加强对高校师生的形势与政策教育，宣扬国家的各项方针政策，又要注重对师生进行理想信念教育，使高校师生树立科学的世界观、人生观和价值观。

2. 培养网络"意见领袖"

互联网的普及、"自媒体"的产生，为"意见领袖"的兴起提供了广阔的空间。社会热点或者校内外重大事件的发生会在很短的时间内引发高校网络舆情，而在校大学生的"三观"还未完全定型，容易受到"意见领袖"的影响。因此，高校需要培养一批坚持正确导向、熟悉网络语言的"意见领袖"，使其在突发事件及高校舆论

爆发后能够成为正能量的传播者和学生思潮的引领者,带头不造谣、不传谣、不信谣,让学生在不知不觉中受到感染,从而形成强大的正面舆论。

(二) 与时俱进,综合运用新旧媒体

新媒体时代下,网络的普及和新媒介的发展极大地丰富了在校师生的表达渠道,提高了师生的话语权。在管理过程中,高校管理部门要与时俱进,充分利用现代信息技术来提高网络舆情管理水平。

1. 建立自由畅通的表达与反馈机制

高校管理部门要综合运用微博、微信、QQ群、BBS等新旧媒体搭建师生在线沟通平台,建立自由畅通的表达和反馈机制。在管理过程中要及时收集学生所反映的内容,针对学生提出的各方面问题,及时给予解答。此外,管理部门还要充分调动并发挥学生组织的纽带作用,搭建学生与高校之间的交流平台,及时了解和解决校园中出现的问题。

2. 打造及时权威的信息发布平台

网络信息的权威发布是引导高校网络舆情走上正轨的关键要素。管理部门可以建立微博、微信、贴吧等官方账号,利用新媒体打造一个及时权威的信息发布平台。在日常工作中,管理部门可以在第一时间向在校师生通报有关信息,并征询师生的意见和态度。遇到突发的网络舆情事件,高校要在官方网站上开辟真相专区,并及时地通过权威的信息发布平台实事求是地把真相和事件发展动态发布出来,以化解和解决突发事件,及时安定人心,维护校园的和谐稳定。

(三) 科学严谨,加强高校制度建设

制度建设是高校治理的生命,它为高校网络舆论管理提供了制度上的保障,建立一系列科学严谨的管理制度,有利于高校网络舆情管理工作的顺利开展。

1. 建立健全网络舆情监测机制

加强高校舆情管理制度的建设,就是要建立舆情监测机制。新媒体时代,为了更准确地检测高校网络舆情,管理部门要注重技术监测与人工监测相结合,这就要求高校加大财政投入,提高硬件技术,设置敏感信息库,以便及时监测到敏感信息。此外,高校还要加强网络管理,实施校园网开户实名制,同时对校内论坛、QQ群、微信群等加强管理,从源头上遏制不良信息的发布。[8]

2. 建立健全信息反馈和舆情报送机制

实现有效的信息反馈，保障信息及时畅通的送达，监管人员要注意与上下级网络单位保持良好的沟通，注重网络舆情信息共享。此外，要建立常态化、全面科学、准确高效的舆情报送机制，在信息传输过程中，要防止舆情信息在某一环节出现遗失、失真等现象，特别要防止下级机构出于本单位利益的考虑有意阻隔舆情信息向上级机构传输的现象。

3. 建立健全舆情收集和分析机制

高校要加快建立健全全面、科学、准确、快捷和高效的舆情收集与分析机制。在对网络舆情信息监测收集后，要根据信息密度和强度进行科学分析，进而把握好其对整个高校的舆情影响。

4. 建立健全网络舆情危机应对机制

高校要建立健全快速报送、快速分析、快速引导和快速处理的舆情危机应对机制。在实际工作中，管理部门要根据预警指标体系划分预警等级，制订符合自身实际情况的预警方案，以应对突发事件，最大限度地预防和减少不利影响。

五、结 论

新媒体时代，科技的发展在为高校网络舆情管理部门提供一个更广阔、更丰富的媒介管理平台的同时，也带来了更大的压力和挑战。本文运用《孙子兵法》中"五事""七计"的管理学大智慧来分析当前高校网络舆情的管理现状，并试图探索出适合的管理路径。一方面，高校要注重对在校师生的思想政治教育，培养网络"意见领袖"，做到"主有道，民与上同意"。另一方面，高校要加强网络舆情引导，综合运用新旧媒体来建立自由畅通的表达与反馈机制，打造及时权威的信息发布平台，兼顾"天时、地利、人和"。更重要的是，高校要提高管理部门的领导能力，加强网络舆情的制度管理，确保舆情检测、收集、分析、反馈、报送和危机应对机制的有序运行，保证"将有能，法有度"。

在大力维护国家文化安全的背景下，高校应当为学生营造优良的网络舆情环境。只有对高校网络舆情采取合理的途径进行管理，才能真正构建和谐校园，净化校园氛围，维护文化安全。而每一位大学生也应该积极投身到网络舆情管理的实践中去，只有这样才能净化校园环境，促进自我成长。

参考文献：

［1］中国互联网络信息中心．第36次中国互联网络发展状况统计报告［R］．北京：中国互联网信息中心，2015．

［2］高晔．高校网络舆情管理对策研究［D］．上海：上海交通大学，2010．

［3］刘燕，刘颖．高校网络舆情的特点及管理对策［J］．思想教育研究，2009（4）．

［4］马春来．论高校网络舆情的内容及管理［J］．琼州学院学报，2009（4）．

［5］冼季夏，顾慕娴，吴宏宇，王运东，韦小强．高校校园网络舆情管理工作机制探析［J］．广西青年干部学院学报，2009（3）．

［6］王超，王磊，李楠．大数据时代高校网络舆情管理主体的能动性研究［J］．管理现代化，2015，35（4）．

［7］文静．从"五事""七计"中看《孙子兵法》的管理艺术［J］．岁月，2011（3）．

［8］张剑，王佳茵．高校网络舆情现状与管理对策研究［D］．成都：西南石油大学，2013．

后 记

2015年11月27日,由对外经济贸易大学公共管理学院主办的"对外经济贸易大学公共管理学术会议"在学校诚信楼举行。此次会议主题为"公共治理:改革与创新"。与会嘉宾包括来自复旦大学、中国人民大学、国家行政学院、北京师范大学、中国政法大学等大学的专家学者,以及对外经济贸易大学校长施建军教授、学科办主任仇鸿伟教授、WTO研究院院长屠新泉教授、国际经济贸易学院副院长崔凡教授等校内嘉宾,会议由公共管理学院行政管理系主任宋衍涛教授主持。大会开幕式上,对外经济贸易大学施建军校长致欢迎辞。施校长对远道而来的专家学者表示热烈欢迎,期待各位集思广益,构建公共管理学术平台,并预祝大会取得圆满成功。随后对外经济贸易大学公共管理学院院长范黎波教授致辞,范院长表示愿在各位专家的支持与帮助下,使得公共管理学院越来越好,越办越有特色。

此次会议举办很成功,收到各类学术论文上百篇,研讨会现场讨论热烈,不断碰撞思想火花,产生强烈学术共鸣,参会代表普遍感到受益匪浅。概括而言,此次研讨会的成果主要包括:一是认为我国公共治理改革与创新必须具有全球视野,借鉴发达国家的公共治理理论与实践,解构与重塑我国的公共治理改革。二是公共治理改革与创新必须注重方法创新,在规范研究的基础上,加强实证研究,尤其是量化模型研究。三是公共治理改革与创新必须加强比较研究,既有国内外的公共治理国别比较,也有国内层面的公共治理区域比较,尤其是要突出西部民族地区与东中部发达地区的公共治理比较研究。四是公共治理必须适应时代要求,即围绕推进国家治理体系与治理能力现代化的改革目标、"一带一路"的战略规划以及"互联网+"的技术变革等进行改革与创新。

应参会代表的要求,从中选择了16篇优秀论文结集出版。我们致力于通过这个学术平台,结识学界同仁,共同推动当代中国公共治理的改革与创新。

彭向刚 宋衍涛
2016年4月20日于北京